ÓSCAR NÚÑEZ SANDOVAL

PENSANDO EN HONDURAS

Reflexiones sobre economía, historia y política

PENSANDO EN HONDURAS
Reflexiones sobre economía, historia y política

ÓSCAR NÚÑEZ SANDOVAL

©Colección Erandique
Supervisión Editorial: Óscar Flores López
Diseño de portada: Danny Velásquez
Administración: Tesla Rodas—Jessica Cordero
Director Ejecutivo: José Azcona Bocock

Primera Edición
Tegucigalpa, Honduras—Junio de 2026

CONTENIDO

LA HONDURAS DEL DOCTOR ÓSCAR NÚÑEZ

Aunque no quita el dedo de la llaga de aquellos grandes problemas que aquejan a Honduras —pobreza, corrupción, debilidad institucional, migración, violencia y bajo crecimiento económico—, el doctor Óscar Núñez Sandoval no pierde la esperanza de que el país se encamine por la senda del desarrollo, la justicia y la equidad.

Sí, es verdad que estamos en una espiral de males que parece no tener fin, pero el autor no los ve como problemas eternos, sino que insiste en que Honduras puede mejorar si fortalece sus instituciones, invierte en educación, respeta el Estado de derecho y construye consensos nacionales.

Si resumimos la obra del doctor Núñez, concluimos que Honduras tiene problemas profundos, pero también posee el potencial, la fuerza y la inteligencia de su gente para superarlos si fortalece sus instituciones, aprende de su historia (lo bueno para implementarlo, lo malo para desecharlo) y construye acuerdos duraderos orientados al bienestar de sus ciudadanos.

Este libro de artículos bien escritos, amenos y profundos debería ser estudiado por una clase política que (con escasas excepciones) convierte el insulto, la demagogia y la calumnia en deporte nacional, en medio del aplauso y los vítores de los insensatos y aduladores de turno.

Porque, tristemente, el activismo, el sectarismo, el revanchismo y otra larga lista de "ismos" prevalecen sobre la propuesta de ideas, el debate de estas y la unificación de coincidencias.

A pesar de que vive en Estados Unidos, el doctor Núñez ama entrañablemente a su país. Lo vi en sus ojos cuando nos reunimos en Tegucigalpa para platicar sobre el proyecto de Pensando en Honduras, y lo leo en sus escritos.

"Crecer o estancarse: la decisión que Honduras ya no puede postergar" o "El crecimiento no depende de una persona ni de una ideología; es una necesidad nacional que requiere consenso, visión estratégica y compromiso con la estabilidad institucional" resumen la serie de artículos publicados en Diario La Tribuna que hoy toman forma de libro.

Sobre la situación del pueblo, señala: "Esos millones de compatriotas en una situación de vulnerabilidad extrema (...) se merecen una mejor opción en su propia patria en lugar de arriesgar su vida emigrando".

"La precariedad hospitalaria —señala—, la deforestación, la inseguridad, la migración y el deterioro educativo no son fenómenos separados: son manifestaciones distintas de una institucionalidad débil".

Mientras tanto, en el artículo "Las teorías del desarrollo y Honduras", expresa que nuestro verdadero desafío como nación está en convertir el conocimiento acumulado en decisiones prácticas sustentadas en instituciones que diseñen y den seguimiento a políticas orientadas al desarrollo.

Con un lenguaje accesible (esto también lo diferencia de cierta intelectualidad hondureña, aquejada por la vieja vanidad de escribir para que solo unos pocos entiendan), y apoyado en la evidencia histórica y económica, cada artículo constituye una pequeña enseñanza o, en otras palabras, pequeñas luces en esta oscuridad actual.

El doctor Núñez nos hace una invitación a pensar Honduras desde una perspectiva crítica, pero también esperanzadora. Sus artículos conectan la actualidad con la historia, la economía con la política y los desafíos del presente con las decisiones que determinarán el futuro de una nación que, esperamos, soñamos y creemos, contará con más oportunidades, instituciones sólidas, una visión compartida de desarrollo, un pueblo que rechace el asistencialismo de aquellos que extienden la mano "generosa" con fines electoreros y una clase política que haga suyos los ideales de Morazán, Valle, Cabañas y Rosa, y se aleje definitivamente del espectáculo circense que, más que hacernos reír, nos provoca ganas de llorar.

ÓSCAR FLORES
EDITOR DE COLECCIÓN ERANDIQUE

DEDICATORIA

A la memoria de mis padres.
A Anamaría, Óscar Daniel y Juan José, mi inspiración.

AGRADECIMIENTO

Deseo agradecer a diario La Tribuna, particularmente a su Director Ejecutivo, Adán Elvir Flores, por facilitarme el espacio para publicar estos artículos.

INTRODUCCIÓN

A lo largo de mi vida profesional he ejercido responsabilidades en la administración pública hondureña, en organismos multilaterales de financiamiento y agencias bilaterales de cooperación, así como en la docencia. De forma paralela, he cultivado la escritura como un espacio de reflexión pública: un intento por trasladar asuntos técnicos al lenguaje accesible del debate nacional y por enlazar los acontecimientos históricos y políticos con sus implicaciones económicas.

Los textos reunidos en este volumen fueron publicados originalmente en el diario La Tribuna, uno de los medios impresos de mayor circulación en Honduras. Surgieron, en su mayoría, al calor de coyunturas específicas. Sin embargo, no pretendieron limitarse a la inmediatez del suceso, sino inscribirlo en un marco más amplio de interpretación. Esa vocación explica su tono analítico y su énfasis en los factores estructurales que, con frecuencia, determinan el curso de los acontecimientos.

Escritos en su mayoría después de 2010, estos artículos se presentan en orden cronológico y se articulan en tres secciones: economía, historia y política e institucionalidad. Si bien cada texto responde a una coyuntura concreta, todos convergen en un propósito común: promover una discusión razonada, apoyada en argumentos y evidencia, distante de la descalificación personal. La mención de actores específicos se circunscribe estrictamente al contexto de los hechos analizados.

Reunidos ahora en un solo libro, estos textos adquieren una dimensión distinta. Dejan de ser intervenciones aisladas y se convierten en una trama de reflexiones sobre asuntos persistentes en la vida nacional: la fragilidad institucional, las tensiones entre el corto y el largo plazo, la disciplina fiscal como condición de estabilidad, la memoria histórica como instrumento de comprensión, el estado de derecho como marco de legitimidad y la cohesión social como sustento de la convivencia democrática.

Pensar en Honduras —desde la intersección de la economía, la historia y la política— no es un ejercicio abstracto. Implica reconocer que el debate público exige argumentos, hechos y contexto, pero también mesura; que las decisiones del presente dialogan con las herencias del pasado; y que el análisis sereno es, en última instancia, una forma de responsabilidad cívica.

Si estas páginas logran aportar claridad y propiciar una conversación más informada, reafirmando el valor de la reflexión en la vida pública, habrán cumplido su propósito.

Más allá de la coyuntura que motivó cada reflexión, los artículos aquí reunidos aspiran a algo más duradero: continuidad en el análisis, memoria crítica del tiempo reciente e invitación permanente a pensar el país con historia, perspectiva y responsabilidad.

I. MENSAJES ECONÓMICOS

1. EL VALOR O TASA DE CAMBIO SOSTENIBLE DEL LEMPIRA

La economía hondureña es abierta. La suma de exportaciones e importaciones de bienes y servicios es mayor que el Producto Interno Bruto del país. Además, no existen restricciones para los movimientos de recursos del exterior hacia el país y desde Honduras hacia el exterior. Por estas razones, el valor del lempira respecto a otras monedas, particularmente el dólar de los Estados Unidos, el principal socio comercial, juega un papel muy importante en esta economía. Por lo tanto, se justifica preguntarse si el país tiene las condiciones deseables para implementar exitosamente un esquema de tipo de cambio fijo.

Como hondureño y economista siempre me ha llamado la atención el porqué algunos economistas y muchos compatriotas –quizás la mayoría– piensan que un tipo de cambio flexible es contrario a los intereses del país y únicamente beneficia a unos pocos exportadores. Nada más lejano a la realidad, una política de tipo de cambio fijo, sin consistencia con la política monetaria y fiscal, es sinónimo de problemas futuros y, para solucionarlos, no habrá otra alternativa que eventualmente ajustar bruscamente la tasa de cambio del lempira, para que refleje las condiciones reales de la economía.

Una consideración importante respecto al valor del lempira es el déficit de la cuenta corriente de la balanza de pagos. De acuerdo con información del Banco Central de Honduras, en el 2008 ese déficit alcanzó un monto aproximado de US$1,976.8 millones, que equivale a 13.8% del PIB. Por lo tanto, aun recibiendo US$2,700.7 millones de remesas familiares, para financiar el exceso de gasto en bienes y servicios del exterior respecto a nuestras exportaciones, fue necesario que usáramos US$42.2 millones de reservas internacionales y que los residentes del exterior nos prestaran más de US$1,900.0 millones, para costear nuestro "apetito" por mayores importaciones. Sin embargo, esa tendencia no es sostenible y se requiere que el lempira pierda valor para corregir el desequilibrio en la cuenta corriente.

Una perspectiva alentadora sobre la tasa de cambio está relacionada con el pronóstico referido a los precios internacionales del petróleo alrededor de US$50.0 el barril, durante 2009; esto representará un respiro importante considerando que a mediados de 2008 eran superiores a US$140.0 el barril. Por ejemplo, según cifras oficiales, durante 2008 Honduras importó alrededor de 18.7 millones de barriles de combustible a un precio promedio de US$101.5 por barril, con un valor total de US$1,897.3 millones. Si en 2009 se mantuvieran las cantidades importadas de combustible de 18.7 millones a un precio promedio de US$50.0 el barril, el valor total importado de este rubro caería a casi US$1,000.0 millones. Así, entre menores sean los precios del petróleo, menor será el déficit en cuenta corriente y menor debe ser el ajuste en la tasa de cambio.

Otra consideración importante cuando se trata del valor del lempira es el comportamiento de los precios internos respecto a los precios de los principales socios comerciales de Honduras. Entre más alta es la tasa de inflación interna respecto a la de los socios comerciales, mayor debe ser la pérdida de valor del lempira para poder restituir la competitividad de las exportaciones nacionales. Veamos un caso sencillo, en 2008, El Salvador y Honduras –ambos con una tasa de cambio fija–, el primero con un tipo de cambio dolarizado, obtuvo una tasa de inflación de 5.5%. Honduras, con una tasa de cambio de 18.9 lempiras por US$1.0, presentó una tasa de inflación de 10.8 por ciento. De esa forma, la producción hondureña se volvió más cara y perdió competitividad respecto a la producción salvadoreña. Adicionalmente, la medida reciente de aumento al salario mínimo acentúa la pérdida de competitividad de la producción hondureña, frente a países con salarios reales relativamente menores y niveles similares de productividad.

A manera de reflexión final, si la política fiscal y monetaria no es consistente con el anclaje de la tasa de cambio, las autoridades nacionales deben reconocer un deslizamiento gradual y ordenado del lempira. Hay que recordar que el Banco Central de Honduras ya cuenta con un mecanismo, "Sistema de Administración Pública de Divisas", cuya normativa, aplicada sin restricciones, está diseñada para permitir que el valor del lempira se vaya ajustando a su valor real. Debe mencionarse que la flexibilización cambiaria no debería crear expectativas negativas en los hondureños respecto al valor futuro del lempira o al desempeño económico del país. Hoy en día, los ejemplos de países que aplican políticas de tipo de cambio flexibles son mayores que aquellos con tipos de cambio fijo.

En Costa Rica, país con una economía abierta y un sector exportable competitivo, recientemente, con el objetivo de reducir la inflación, el Banco Central flexibilizó aún más su régimen cambiario, ampliando los límites de la banda del mercado interbancario.

2. DILEMAS Y PERSPECTIVAS PARA EL FUTURO DE CENTROAMÉRICA

Los países de Centroamérica no han sido capaces de generar tasas de crecimiento económico sostenido por períodos largos; entre 1990 y 2014 crecieron en promedio apenas 3.8%. Con la excepción de Costa Rica, en la región se han acentuado los rezagos en el bienestar de las grandes mayorías de la población y las desigualdades en la distribución del ingreso.

Los indicadores que se asocian con la promoción de la actividad privada, incluyendo los de gobernabilidad, muestran que estos países tienen importantes deficiencias para atraer y promover la actividad privada y competir en los mercados internacionales. Destacan como los factores más problemáticos la falta de protección a la inversión, el cumplimiento de contratos, la apertura de empresas y el pago de impuestos.

En el período 1996–2014, exceptuando a Costa Rica, los indicadores de gobernabilidad en los países se deterioraron o estancaron. Las dimensiones de gobernabilidad se ubican en posiciones muy bajas, particularmente en áreas críticas como: respeto a la ley, control de la corrupción y efectividad del gobierno. Como resultado de las altas tasas de desempleo y del deterioro progresivo de las condiciones de vida, muchos centroamericanos han tenido que emigrar, principalmente hacia los Estados Unidos. Entre los principales factores que impulsan a estos centroamericanos a emigrar se destacan la violencia y la falta de oportunidades de empleo.

Expertos coinciden en que el tema de la violencia se asocia principalmente con el tráfico de drogas, problemas de maras, instituciones débiles y corruptas y el problema de la pobreza. En efecto, las altas tasas de crimen y robo en la región son uno de los principales problemas que ocasionan un alto costo y tienen efectos sociales devastadores para los países; la excepción es Nicaragua. Desde 2006 los homicidios en Centroamérica han aumentado considerablemente, particularmente en los tres países del llamado

Triángulo Norte. En 2015, El Salvador fue el país más violento de América Latina, con 103 homicidios por 100,000 habitantes, desplazando a Honduras (57) de ese deshonroso primer lugar, seguido por Guatemala (30). Costa Rica (11) presentó una cifra récord y Nicaragua (8).

De acuerdo con los informes de la Corporación Latinobarómetro, en 2015, en la región el desempleo y la seguridad pública destacaron como los problemas más importantes. La población vive intranquila y un 80% de los entrevistados reportó estar preocupado por ser víctima de un delito o violencia. También revela que en la región únicamente el 25% de los entrevistados creía que su país estaba progresando; para la mayoría el país retrocede o está estancado. Alrededor del 60% de los entrevistados no estaban satisfechos con la manera como funciona la policía, el sistema judicial y los hospitales públicos, y para el 60% de los centroamericanos poco o nada se ha avanzado para combatir la corrupción en los dos últimos años; pero alrededor del 50% de los centroamericanos cree que la democracia es preferible a cualquier otra forma de gobierno.

La población de la región está cada vez más intranquila y son frecuentes las marchas y protestas por actos de corrupción y asesinatos, particularmente en Guatemala y Honduras. Como resultado de esta presión popular, recientemente se instaló, con el apoyo de la OEA, la Misión de Apoyo contra la Corrupción e Impunidad en Honduras (MACCIH).

Es evidente que para que los países centroamericanos progresen, las autoridades nacionales tienen que liderar la búsqueda de respuestas a los problemas de crecimiento económico, con creación de empleos y mejoras en la redistribución del ingreso. Es urgente eliminar los rezagos en indicadores esenciales para atraer y promover la actividad privada. Asimismo, es prioritario atacar las causas asociadas al problema de la violencia. Caso contrario, la intranquilidad en la región se irá acentuando rápidamente.

3. COSTA RICA Y LA OECD, PURA VIDA

El recién pasado 15 de mayo, los países de la Organización para la Cooperación y el Desarrollo Económicos (OECD, siglas en inglés) acordaron unánimemente invitar a Costa Rica a convertirse en el miembro número 38 de la Organización. Costa Rica será el cuarto país miembro de la Organización de la región de América Latina y el Caribe, junto con México, Chile y Colombia. La OECD, con sede en París, es una organización internacional que promueve políticas para mejorar el bienestar económico y social de los habitantes del mundo. Ofrece un foro en el que los gobiernos pueden trabajar en conjunto para compartir experiencias y buscar soluciones a los retos económicos y sociales que enfrentan, incluyendo prácticas de un buen gobierno.

El camino hasta hoy ha sido largo. Costa Rica, desde mayo de 2012, manifestó su interés de adherirse a la Organización, y en abril de 2015 el consejo de los países miembros de la OCDE invitó a Costa Rica a iniciar las conversaciones de adhesión. Según el comunicado de la OECD, como parte de su proceso de adhesión, Costa Rica se ha sometido con éxito a las revisiones técnicas minuciosas de 22 comités de la OCDE y ha puesto en marcha importantes reformas que han permitido al país armonizar su legislación, políticas y prácticas con las normas de la OCDE en áreas tales como la competencia, las estadísticas, la lucha contra la corrupción, el gobierno corporativo de las empresas públicas, los mercados financieros, la transparencia fiscal y la gestión de productos químicos industriales.

Costa Rica ha venido haciendo avances importantes en la promoción del desarrollo; basta con revisar sus indicadores de competitividad en el Informe Anual de Competitividad Global, elaborado por el Foro Económico Mundial. El país destaca en la evaluación de los 12 pilares de competitividad; cada pilar está compuesto por una serie de indicadores. Los pilares son los siguientes: instituciones, infraestructuras, entorno macroeconómico, salud y educación primaria, educación superior y formación, eficiencia del mercado de bienes, eficiencia del mercado laboral, desarrollo del mercado financiero, preparación tecnológica, tamaño del mercado, sofisticación en materia de negocios e innovación, los cuales adquieren diferente relevancia de acuerdo con la etapa del desarrollo en que se encuentre cada economía. Asimismo, no hay que olvidar que el desarrollo sostenible tiene dos componentes esenciales: cohesión social y sostenibilidad ambiental, dos áreas en las que Costa Rica ha puesto énfasis desde hace varias décadas.

Los hondureños debemos adoptar las buenas prácticas de nuestros vecinos costarricenses. Los líderes de nuestro país, principalmente los responsables de diseñar y conducir las políticas públicas, deben reflexionar y reconocer con premura que el crecimiento económico en el largo plazo no ocurre en el vacío y requiere de consistencia en las políticas, con una visión nacional y más allá de los cuatro años del ciclo político o del beneficio de grupos específicos. Las circunstancias de Honduras obligan a comenzar prioritariamente por fortalecer las instituciones (Estado de derecho, combate a la corrupción, etc.), mejorar los servicios de educación y salud y el acceso y calidad de la infraestructura productiva.

Lastimosamente, la agradable noticia para el hermano país centroamericano llega en momentos difíciles para toda la humanidad frente a la pandemia del coronavirus. Hoy yo quiero felicitar a los costarricenses y decirles: bien hecho, pura vida.

4. "EQUILIBRIO NASH" Y LA CRISIS DE HONDURAS

John Forbes Nash Jr. (1928—2015) fue un matemático estadounidense, premio Nobel de Economía. Sus contribuciones a la Teoría de Juegos (modelos matemáticos aplicados a explicar el proceso de toma de decisiones) revelaron los factores que gobiernan el cambio y el proceso de toma de decisiones en la vida diaria.

La tesis doctoral del Dr. Nash, de únicamente 28 páginas, contiene la definición y propiedades del llamado Equilibrio Nash. Nash demostró que en cualquier juego donde un número finito de jugadores tiene un número finito de opciones, hay al menos una posición desde la cual ningún jugador puede mejorar su posición cambiando de estrategia. Este punto se llama "Equilibrio Nash", o sea, una situación en la que todo el mundo está haciendo lo mejor que puede, considerando lo que el resto de los individuos están haciendo. Por lo tanto, la solución tiende a ser estable.

Pero existe una realidad: un Equilibrio Nash no significa necesariamente que se obtenga el mejor resultado. Simplemente significa que ningún individuo puede mejorar su posición, dado que son incapaces de cambiar las opciones de otros.

Estudios posteriores han demostrado que en una sociedad los individuos pueden reducir su nivel de egoísmo (cooperar entre ellos) para alcanzar un nuevo equilibrio que representaría mejores beneficios individuales y al mismo tiempo la sociedad será más estable. O sea, un Equilibrio Nash óptimo, el cual puede obtenerse voluntariamente o vía legislación.

Con un 60% de los hogares en pobreza y 37% en extrema pobreza (INE 2019), desde hace varios años, la sociedad hondureña viene operando en situaciones muy diferentes a lo que podría representar un Equilibrio Nash estable y no óptimo. Hoy en día, los efectos negativos de factores externos como la pandemia y desastres naturales empeoran las precarias condiciones de vida de la gran mayoría de la población. Para alcanzar un Equilibrio Nash, que sea no únicamente estable, sino también óptimo, amerita que los hondureños cooperemos sin egoísmos.

Este año, el proceso electoral del país, que apenas comienza con las elecciones primarias de marzo y las elecciones generales de noviembre, representa una oportunidad para escoger aquellos candidatos con las mejores credenciales para buscar el bienestar de la mayoría. Debemos razonar nuestro voto y olvidarnos de colores políticos, compadrazgos y las prácticas de la política tradicional que han llevado al país muy cerca de convertirse en un Estado fallido, por el camino de la corrupción y el debilitamiento institucional.

El progreso del país sólo puede ocurrir eligiendo autoridades que guíen un proceso con el objetivo de servir para el bien común, mejorando las condiciones de vida de cada ciudadano. Este debe ser nuestro entendimiento y compromiso colectivo, evitando el conflicto potencial con los intereses individuales, que, como está evidenciado, han llevado a la mayoría de la población a condiciones de pobreza y convertido nuestro país en uno de los más corruptos y desiguales del continente. Esos millones de compatriotas en una situación de vulnerabilidad extrema, que seguro nunca escucharon del genio matemático John Nash y sus contribuciones, se merecen una mejor opción en su propia patria en lugar de arriesgar su vida emigrando.

5. “DILEMA DEL PRISIONERO” Y EJEMPLOS

En un artículo anterior comentaba sobre los aportes a la Teoría de los Juegos del Dr. John Nash; asimismo, introducía el concepto de “Equilibrio Nash”. Un ejemplo de este concepto es el conocido “Dilema del Prisionero”. En este ejercicio, la policía ha detenido a dos sospechosos de cometer un delito importante. No tiene pruebas para condenarlos por ello, pero sí de otros delitos menores. Ambos prisioneros (separadamente) reciben de un fiscal una oferta de reducir sus penas si cooperan con la justicia y delatan a su compañero de cometer el delito mayor. Cada prisionero tiene dos posibilidades: delatar o no al compañero.

La decisión de cada uno afecta el futuro del otro. Al final se demuestra que ambos prisioneros, al no confiar uno en el otro, y con la ausencia de cooperación, seleccionan delatar al compañero. Y con ello se alcanza el llamado Equilibrio Nash, que es estable pero no óptimo, ilustrado en el Dilema del Prisionero. Contrariamente, si ambos se callan y no delatan al compañero, obtendrían penas menores (solución óptima).

En la vida real tenemos muchos ejemplos de interacciones humanas y de interrelaciones entre Estados en las que se obtiene un resultado similar al planteado en el Dilema del Prisionero. Por ello, el dilema del prisionero ha sido estudiado profundamente. Algunos ejemplos donde encontramos situaciones similares a las estudiadas en el dilema del prisionero, en el contexto de nuestro país, los plantearé a continuación:

Bienes comunes. Por ejemplo, el caso de la explotación del bosque o la contaminación de los ríos. Cada persona que utiliza estos recursos tiene dos estrategias posibles: cuidar del bosque y del agua de los ríos, garantizando una explotación racional, o no cuidarlos. Lo más deseable es que, al utilizar bienes comunes, ninguna persona se vea estimulada a destruir los recursos para procurar que no se agoten. Su estrategia preferida será no cuidarlos, esperando que el resto de la población sí los cuidará. Si nadie cuida los recursos, será otra estrategia, la menos preferida, porque representa lo que ya estamos observando: quedarnos sin bosques y con ríos contaminados. Esta será la estrategia dominante: no cuidar los recursos, independientemente de lo que hagan los demás. Esto lleva al peor resultado.

Por lo tanto, mientras las autoridades únicamente emiten leyes, sin que se administren enérgicamente las mismas, no constituye una solución al problema. Urge no sólo administrar las leyes, haciéndolas cumplir a quienes se encargan de transgredirlas. Asimismo, debemos educar a nuestros niños, haciéndoles conciencia de la necesidad de cuidar los recursos para que, de esta forma, cada ciudadano se encargue no sólo de cuidar los recursos, sino de denunciar los atropellos a la legislación.

Ciencia política. En esta área podemos pensar en los gastos militares. Si en nuestra región los países cooperaran y eliminaran cualquier amenaza de un potencial conflicto, los gastos de defensa se reducirían y esos recursos podrían asignarse a otros propósitos, educación y salud, por ejemplo. La ausencia de acuerdos creíbles para reducir armas determina que en Centroamérica se continúe asignando recursos escasos a la compra de armas, llevando a un comportamiento irracional, ya que es difícil lograr la cooperación entre los países.

La protección de los bienes comunes, el bosque y el agua, por ejemplo, requiere legislar y hacer cumplir la ley para evitar la sobreexplotación de los mismos; asimismo, hacer conciencia para cuidarlos desde muy temprana edad. Por su parte, a nivel de la región, una mayor cooperación y liderazgos creíbles podrían liberar recursos asignados a armamentos para adjudicarlos a otros propósitos.

6. EL TECHO DE LA DEUDA DE ESTADOS UNIDOS

El pasado jueves 19 de enero se alcanzó el techo o límite legal de endeudamiento oficial (debt ceiling, en inglés) del gobierno de Estados Unidos de América (EUA), que actualmente es de US$31.381 trillones. A pesar de ello, los mercados financieros se mantienen en relativa calma, ya que la Secretaria del Tesoro, Janet Yellen, ha anunciado que adoptarán mecanismos extraordinarios para operar sin problemas hasta el próximo mes de junio. Muchos analistas asumen que sí habrá acuerdo sobre aumento del techo con el Congreso. Sin embargo, en esta oportunidad la aparente hostilidad entre el presidente Biden y el líder mayoritario de la Casa de Representantes, Kevin McCarthy (R—California), ha llevado a demandas que obstaculizan el trabajar juntos para llegar a un acuerdo inmediato.

Orígenes. El límite de deuda se instauró por primera vez en 1917, durante la Primera Guerra Mundial, para permitir al gobierno emitir bonos sin requerir la aprobación del Congreso. El techo de la deuda no controla, limita o representa la posibilidad del gobierno federal para incurrir en déficits fiscales o nuevas obligaciones, debidamente autorizadas por el Congreso. Más bien, es un límite en la capacidad para pagar obligaciones que ya han sido contraídas. Los compromisos presupuestarios del gobierno van desde el pago de los intereses de su deuda hasta gastos de defensa y envíos de cheques a los beneficiarios de la Seguridad Social. Estos gastos son formalmente aprobados en la legislación presupuestaria sancionada anualmente; sin embargo, cuando los impuestos y otros ingresos no son suficientes se requiere del crédito para cubrir estos gastos. Curiosamente, el Congreso debe autorizar a la Administración para recaudar los recursos necesarios para cumplir con los gastos ya autorizados.

Desde 1960, el aumento del techo de deuda ha sido casi una formalidad. El Congreso ha aumentado el techo 78 veces, recientemente en el 2021. Cuarenta y nueve de ellas bajo presidentes republicanos y veinticuatro bajo presidentes demócratas. Alternativamente, el Congreso puede también decidir suspender el límite o temporalmente permitir al Tesoro obviar el límite, en lugar de aumentarlo por una cantidad específica.

¿Qué pasaría si el Tesoro agota las medidas extraordinarias sin un acuerdo sobre el techo de deuda con el Congreso? El incumplimiento de un pago de la deuda u obligación financiera, o caer en mora (default), afectará inmediatamente la calificación de riesgo soberano de EUA y los intereses futuros de nueva deuda serán mayores, además de que se afecta la estabilidad del sistema financiero mundial. El aumento en el costo del endeudamiento para empresas y compras de viviendas reduciría la confianza del consumidor, que se trasladará a los mercados financieros y llevará a la economía a una recesión y pérdida de empleos. Los bonos del Tesoro de EUA son los instrumentos de inversión más seguros y estables en el mundo financiero moderno (representan alrededor de la mitad de las reservas mundiales).

Las compras de estos bonos aumentan la demanda de dólares, contribuyendo a mantener el valor y el estatus preferencial de moneda de reserva mundial. Una pérdida de confianza de los inversionistas causaría la venta masiva de los bonos y reduciría el valor del dólar.

El presidente Biden ha manifestado que no aceptará ataduras; mientras tanto, los republicanos usan la mayoría en la Casa de Representantes para condicionar el techo de deuda a reducciones en el gasto fiscal. Seguro debemos ser optimistas y esperar un pronto acuerdo sobre el debt ceiling. Un dólar débil dificultaría a muchos países el cumplir con los compromisos de deuda y generaría una crisis. Este sería el caso de Honduras, además de otros efectos negativos en las relaciones cotidianas con nuestro principal socio comercial.

7. DÉFICIT, ENDEUDAMIENTO Y CRECIMIENTO ECONÓMICO

Vivimos en un mundo de escasez, esto significa que nuestras necesidades superan los recursos disponibles para satisfacerlas. Para la mayoría de nosotros los bienes y servicios que podemos consumir están determinados por la llamada restricción presupuestaria. Sin embargo, cuando se aumenta el consumo de los bienes y servicios más allá de nuestros ingresos se incurre en un déficit y para financiarlo acudimos al endeudamiento. El problema del endeudamiento para financiar un mayor consumo es que debemos pagar la deuda (capital) más los intereses acumulados, lo cual significa que en el futuro tendremos menos recursos para comprar bienes y servicios.

El economista ítalo-estadounidense, Franco Modigliani (1918—2003), Premio Nobel de Economía 1985, desarrolló a finales de la década de 1950 la denominada hipótesis del ciclo vital del ahorro, lo cual significa que el consumo no depende únicamente de los ingresos actuales. En otras palabras, las personas procuran ajustar el consumo con el ahorro en su ciclo de vida; endeudándose en sus primeros años productivos (comprar una casa, por ejemplo) y después ahorran para pagar sus deudas y finalmente vivir de sus ahorros durante los años de retiro.

El doctor Modigliani, al pasar del estudio del ahorro individual al ahorro nacional, demostró que el crecimiento económico tiene un efecto importante sobre el ahorro, estimando un efecto multiplicador de alrededor de dos. También se ha demostrado que el ahorro contribuye al desarrollo económico. Asimismo, el crecimiento puede explicarse en buena medida por la cantidad de inversión en la economía, la cual depende del ahorro privado y del ahorro del gobierno.

Para Modigliani, aunque parezca una broma, una de las formas de aumentar el ahorro es efectivamente aumentando el ahorro. Por lo tanto, la inversión y el crecimiento dependerán en gran medida del superávit o déficit presupuestario. En ese sentido, Modigliani alertó sobre los efectos negativos de un déficit público sostenido sobre el desarrollo económico de un país.

Al examinar las cifras históricas de las finanzas públicas de Honduras se observa que la relativa disciplina fiscal se pierde a finales de los años 1970, cuando el déficit promedio fue inferior a los 100 millones de lempiras. Durante los años posteriores, sistemáticamente los déficits son cada vez mayores. En los años 1980, ya el promedio fue superior a los 500 millones de lempiras. Durante los años 1990, el resultado fiscal arrojó un déficit promedio de L.1,600 millones. En la primera década de los 2000, el promedio del déficit fue de L.6,300 millones. Durante los años 2010—2019, el promedio del déficit fue de L.16,800 millones. El recién aprobado Presupuesto General contempla que para financiar el gasto total de la Administración Central (L.234,540.9 millones) se requiere colocar títulos de deuda interna por un monto de L.18,045.3 millones y un endeudamiento externo de L.40,103.1 millones.

Los continuos déficits fiscales observados desde hace muchos años, por supuesto que repercuten en saldos cada vez mayores de deuda interna y externa. A diciembre de 2022, el saldo de la deuda interna de la administración central era de L.200,407.8 millones; más del 50% se obtuvo del Banco Central y otros organismos descentralizados. La banca comercial poseía un 22% de esta deuda. A la misma fecha, el saldo de la deuda externa era de US$8,713.2 millones; de este monto cerca del 80% era de naturaleza multilateral.

Como comentábamos anteriormente, el servicio de la deuda reduce la posibilidad del Estado para proveer servicios esenciales a los hondureños en años futuros. O sea, año con año, hay que asignar una cantidad mayor de ingresos para el servicio de la deuda pública. Aunado a lo anterior, mientras la economía hondureña siga creciendo con bajas tasas, el ahorro e inversión serán también reducidos. Por ende, las autoridades hondureñas deben, además de reducir el gasto corriente innecesario, tomar conciencia de la necesidad de crear condiciones para promover el crecimiento económico sostenido y generar ese círculo virtuoso de mayor ahorro/inversión.

En una próxima entrega, comentaré sobre el tema de crecimiento económico.

8. EL CRECIMIENTO ECONÓMICO

Los economistas usamos el término Producto Interno Bruto (PIB) per cápita como un indicador del bienestar promedio de los habitantes de una nación. El PIB anual es el total de los bienes y servicios producidos por un país en un año determinado. Al dividir el PIB por la población del país se estima cuánto se produce por persona en un año. Con datos del Banco Mundial, estimé que, en el período 2000—2021, la tasa real de crecimiento promedio anual de la economía hondureña fue 3.6%; y el crecimiento de la población total fue de 2.1 por ciento. Por otro lado, para efectos de comparación, para Costa Rica en el mismo período, la tasa de crecimiento económico fue de 3.9%, y la población total costarricense creció en 1.2 por ciento. El crecimiento desigual en ambas variables ha ensanchado la brecha en el desarrollo de estas economías.

Por ejemplo, en el año 2000, el PIB per cápita de Honduras fue US$1,768.2 y el de Costa Rica US$7,646.0. Para el año 2021 los valores fueron US$2,428.6 y US$12,894.3, respectivamente. Por su parte, en el 2019, el 26.4% de los hondureños vivían con menos de US$3.65 diarios, en tanto que, en Costa Rica, este porcentaje fue únicamente de 3.5. Para las personas, escapar de la pobreza requiere aumentar su nivel de ingreso. Similarmente, para los países, reducir la pobreza requiere aumentar la cantidad producida –por persona– de bienes y servicios.

¿Cuáles son los factores que determinan los niveles de producción de una economía? La respuesta está en los llamados factores de producción (recursos naturales, trabajo y capital) y en la productividad de esos factores –específicamente de los recursos trabajo y capital– a la cual se le llama productividad total de los factores (PTF). Consideremos una fábrica de camisas, la producción de camisas dependerá de los insumos (materia prima como la tela, la mano de obra suministrada por los trabajadores y el capital que es la maquinaria y el equipo). No obstante, esa producción de camisas también dependerá de la capacitación y destrezas de los trabajadores y qué tan eficiente es la maquinaria y el equipo de la fábrica, o sea de la PTF. Una mayor tasa de crecimiento económico de un país significa que la producción por persona de bienes y servicios es mayor, con lo cual genera mayores ingresos y permite a las personas escapar más rápidamente de la pobreza. Pero ¿cómo un país puede promover el ahorro/inversión y la PTF para aumentar su tasa de crecimiento de una manera sostenida? Son varios los factores a considerar y con frecuencia se destacan los siguientes:

Instituciones. Las instituciones importan, ya lo enfatizaba Adam Smith desde 1776, y se pueden definir como las "reglas del juego" que crean los incentivos para las personas y las empresas. Las instituciones (derechos de propiedad, Estado de derecho y mercados abiertos y libres) son un elemento esencial para fomentar la productividad y el crecimiento de largo plazo.

Educación y salud. Las personas saludables tienen mayor capacidad física y mental; asimismo, una fuerza de trabajo con mayor educación y formación es más productiva y creativa y facilita la adopción e intercambio de tecnología intensiva en información.

Infraestructura. La calidad y cobertura de la infraestructura (carreteras, puertos, aeropuertos, electricidad y agua y saneamiento) son necesarias para el crecimiento de un país. Los países más prósperos cuentan con sus áreas productivas mejor interconectadas y mejor vinculadas con los mercados externos, lo cual reduce los costos de operación y facilita el movimiento de personas y bienes.

Estabilidad macroeconómica. Déficits fiscales moderados y bajos niveles de inflación reducen la incertidumbre, fomentan el ahorro, la inversión nacional y extranjera, así como el crecimiento económico.

El gobierno puede liderar las iniciativas para el fortalecimiento de las instituciones y el desarrollo de mercados. Asimismo, educación y salud son servicios esenciales que responden a una política pública visionaria, al igual que el desarrollo de la infraestructura. El artículo anterior a este hacía referencia a la estrecha relación entre el déficit, endeudamiento y el crecimiento económico. Vale señalar que Corea del Sur y la República Popular China son dos ejemplos de países que, mediante el crecimiento económico sostenido, han sacado de la pobreza a millones de ciudadanos.

9. EL TLC CON CHINA: INQUIETUDES

El pasado viernes 9 de julio Honduras y China iniciaron en Tegucigalpa la primera ronda de conversaciones para la firma de un Tratado de Libre Comercio (TLC) bilateral, después de que el Gobierno de la presidenta Xiomara Castro de Zelaya estableciera, a finales del mes de marzo, relaciones diplomáticas con el país asiático. Este acuerdo, definido como de alto nivel, moderno, integral y mutuamente beneficioso, buscaría impulsar el intercambio comercial, promover la inversión y fomentar la cooperación económica y se espera finalizar las negociaciones en un año.

Antes de comenzar el análisis, quisiera aclarar que, como hondureño, deseo que el acuerdo sea de beneficio para el país y promueva un desarrollo sostenible e inclusivo. En ese sentido, el artículo busca ejemplificar la complejidad y requisitos técnicos, logísticos y financieros de esta negociación.

En general, las negociaciones comerciales que involucran un TLC son sumamente difíciles y requieren de mucho análisis y preparación de las partes involucradas. Las negociaciones pueden concentrarse en las grandes áreas siguientes: acceso a mercados, inversión, solución de controversias, compras del gobierno, laboral y ambiental, medidas sanitarias y fitosanitarias, normas técnicas y cooperación. Acceso a mercados es quizás el tema de mayor amplitud y complejidad ya que incluye negociar sobre bienes –agrícolas e industriales– y servicios, barreras técnicas al comercio, normas de origen, procedimientos aduaneros, textiles y vestido, facilitación del comercio y salvaguardas, entre otros.

Una vez definidos los temas de negociación, el equipo negociador debe determinar, considerando los intereses nacionales, las posiciones de negociación. Esta debe ser una labor multiinstitucional, o sea que reúna a representantes de las instituciones públicas que se relacionan directamente con cada tema, como ser la Secretaría de Agricultura, Secretaría de Finanzas, Secretaría del Ambiente, Banco Central, etc. Además, es fundamental la participación del sector privado por medio de sus cúpulas empresariales y gremiales. Normalmente estas posiciones nacionales de negociación deberían definirse alrededor de estudios concretos y especializados para cada tema, sector o incluso producto. Se busca proteger a la producción nacional frente a las condiciones de producción y de los mercados en la contraparte negociadora, a efecto de detallar medidas de salvaguardia, restricciones cuantitativas, aranceles, medidas no arancelarias, plazos de desgravación, entre otros.

La tarea se vuelve mucho más abrumadora, considerando la asimetría entre Honduras (una economía en la posición 95 de las exportaciones mundiales de mercancías), negociando bilateralmente un TLC con China, la mayor economía exportadora del mundo. Se puede afirmar que un TLC con Estados Unidos resulta igualmente complejo. Sin embargo, el CAFTA-DR fue una negociación que incluía a los países de Centroamérica y República Dominicana frente a los EE. UU., lo cual facilitó el apoyo mutuo en las negociaciones de países con economías muy similares.

Después de un largo y arduo proceso de 15 años de negociaciones, en diciembre de 2001 se concluyó la adhesión de China a la Organización Mundial del Comercio (OMC). Durante estos años, China adoptó reformas orientadas a fortalecer los mercados y a la apertura de su economía, para participar en el sistema multilateral de comercio, bajo los principios de la OMC. No hay ninguna duda del gran éxito de esas reformas que han llevado prosperidad financiera a sus ciudadanos.

A pesar de estos avances, los socios comerciales todavía critican el uso de prácticas y medidas discriminatorias de China en el comercio, principalmente en la producción agrícola. Las reglas para la inversión extranjera son aún desiguales respecto a la producción local. Las leyes y regulaciones relacionadas con la protección de la propiedad intelectual y manejo de datos son aún insuficientes. Un tema de mucha importancia es la alta participación en la economía y comercio de China de las Empresas Comerciales del Estado, amparadas por subsidios y apoyo interno.

Además de la complejidad de negociar en mandarín y/o inglés con traducción simultánea al español, bajo el entendido de que se ha mantenido cierta estabilidad en el personal de la Subsecretaría de

Comercio Exterior que estará a cargo de las negociaciones, una negociación exitosa dependerá del apoyo logístico del Gobierno. Cabe también recalcar la importancia de la coordinación con el sector privado.

Finalmente, tengo la certeza de que no es suficiente negociar acuerdos comerciales; el verdadero beneficio futuro para Honduras dependerá en la medida que se defina una política clara de administración de este y el resto de los tratados comerciales vigentes, al igual que de los acuerdos multilaterales.

10. CRECER O ESTANCARSE: LA DECISIÓN QUE HONDURAS YA NO PUEDE POSTERGAR

Según las proyecciones del Fondo Monetario Internacional (FMI), para 2029 el ingreso promedio por persona en Honduras apenas alcanzaría los US$ 6,638 en términos constantes (base 2017). En contraste, el ingreso per cápita proyectado para Costa Rica rondaría los US$ 25,660: casi cuatro veces superior. No se trata de una diferencia marginal, sino de una brecha que se traduce en oportunidades de vida profundamente distintas.

La distancia se vuelve aún más elocuente al observar los indicadores sociales. De acuerdo con cifras oficiales publicadas en 2025 por los institutos de estadística de cada país, en Costa Rica el 15.2 % de los hogares se encontraba en condición de pobreza y 3.8 % en pobreza extrema. En Honduras, el 60.1 % vivía en pobreza y el 38.3 % en pobreza extrema. Mientras en un país la pobreza representa un desafío relevante pero contenido, en el otro constituye una realidad estructural que afecta a la mayoría.

Estos datos reflejan trayectorias económicas e institucionales divergentes. Hablan de productividad, capital humano, estabilidad jurídica y políticas públicas consistentes en el tiempo. En definitiva, expresan la capacidad —o incapacidad— de transformar el potencial económico en bienestar tangible.

Si Honduras mantiene tasas de expansión modestas e inestables, la distancia frente a economías más dinámicas continuará ampliándose. Cuando seis de cada diez hogares viven en pobreza y casi cuatro en pobreza extrema, no se trata solo de estadísticas: detrás hay informalidad persistente, migración forzada y movilidad social limitada.

Superar este rezago exige más que declaraciones. Requiere consensos nacionales orientados a dinamizar la economía, fortalecer la inversión privada, elevar la productividad y consolidar instituciones confiables. Sin crecimiento sostenido no habrá reducción significativa de la pobreza ni estabilidad fiscal duradera.

La evidencia internacional muestra que el progreso sostenido, acompañado de reglas claras y políticas previsibles, es la vía más efectiva para generar bienestar.

Ningún país ha mejorado de forma permanente el nivel de vida de su población sin ampliar su base productiva durante períodos prolongados. Quienes lo han logrado no se aislaron del mundo: se integraron inteligentemente al comercio internacional, atrajeron inversión extranjera e incorporaron tecnología como motor de transformación.

Por ello, las políticas económicas no pueden diseñarse de espaldas al entorno global. Las decisiones fiscales, monetarias y regulatorias interactúan con dinámicas internacionales que inciden en el acceso a mercados, el costo del financiamiento y la competitividad. Ignorar esa interacción conduce a improvisaciones; comprenderla permite diseñar estrategias coherentes.

No existe una receta única. Sin embargo, la experiencia comparada revela patrones comunes: integración activa al comercio internacional, atracción de inversión, finanzas públicas ordenadas, políticas monetarias responsables y un entorno institucional donde se respeten contratos y derechos de propiedad.

Si aceptamos que el Estado puede contribuir al bienestar mediante políticas acertadas, también debemos reconocer que la economía responde a incentivos. Las decisiones de trabajadores, empresarios e inversionistas dependen del clima que el país ofrece. Estabilidad, reglas claras y seguridad jurídica no son consignas abstractas; influyen directamente en la inversión, el empleo y la creación de oportunidades.

De allí la importancia de identificar con precisión los principales obstáculos al desarrollo. Antes de multiplicar programas o anunciar reformas ambiciosas, conviene priorizar: baja productividad, informalidad crónica, debilidades institucionales, infraestructura insuficiente o brechas educativas. Sin diagnóstico riguroso y secuencia adecuada, los esfuerzos se dispersan.

Las estrategias exitosas combinan visión inmediata y perspectiva de largo plazo. En el corto plazo, es indispensable restaurar confianza y certidumbre para reactivar la inversión. En el largo, deben sentarse bases sólidas —educación de calidad, infraestructura moderna, instituciones creíbles— que sostengan el progreso más allá de un período gubernamental. El desarrollo exige continuidad y acuerdos que trasciendan los ciclos políticos.

La renovación de autoridades ofrece una oportunidad para consolidar una agenda económica clara y coherente. El crecimiento no depende de una persona ni de una ideología; es una necesidad nacional que requiere consenso, visión estratégica y compromiso con la estabilidad institucional.

Al mismo tiempo, resulta inevitable reconocer que la confrontación política y decisiones improvisadas han debilitado la confianza pública. Cuando el conflicto domina la agenda, la incertidumbre desalienta la inversión, encarece el financiamiento y desvía la atención de los problemas de fondo. Ninguna economía prospera en un ambiente permanente de tensión.

Si Honduras aspira a cerrar la brecha que la separa de economías más dinámicas, necesita estabilidad, reglas claras y liderazgo capaz de construir acuerdos duraderos. El desarrollo exige disciplina fiscal, responsabilidad monetaria, apertura al mundo y madurez política.

Las cifras de ingreso y pobreza muestran la magnitud del desafío, pero también que existe margen de acción. Honduras puede cambiar su trayectoria si coloca la prosperidad y la certidumbre institucional en el centro del debate nacional. Para lograrlo, la política económica debe dejar de ser rehén de la polarización y convertirse en el eje de un acuerdo amplio que genere empleo, fortalezca las instituciones y construya prosperidad compartida. El futuro debe edificarse sobre instituciones sólidas y oportunidades reales, para que cada ciudadano pueda vivir con dignidad y esperanza.

11. DEL ESTRECHO DE ORMUZ A TEGUCIGALPA: LA VULNERABILIDAD ECONÓMICA DE HONDURAS

Lo que ocurre en el Estrecho de Ormuz —un estrecho corredor marítimo a miles de kilómetros de Centroamérica— puede terminar afectando el precio del transporte en Honduras, el costo de producir alimentos o la factura eléctrica de los hogares. En una economía pequeña y abierta como la hondureña, los choques externos se transmiten con rapidez. La volatilidad financiera, las perturbaciones en el comercio internacional o un conflicto geopolítico —como las tensiones recientes en Medio Oriente, con el riesgo de presiones al alza en los precios del petróleo— recuerdan hasta qué punto el país sigue siendo vulnerable a eventos que ocurren muy lejos de sus fronteras.

La dependencia energética constituye uno de los canales más claros de vulnerabilidad externa para Honduras. Al cierre de 2025, la factura de importaciones de combustibles y lubricantes ascendió a USD 2,659.2 millones, equivalente al 15.5 % de las importaciones totales de mercancías del país. La magnitud de esta cifra también se refleja en su impacto macroeconómico: dicho monto representó 28.9 % del déficit comercial de bienes y aproximadamente 5.9 % del Producto Interno Bruto (PIB). En otras palabras, una proporción significativa del desequilibrio externo hondureño está directamente vinculada al costo de abastecer su matriz energética, lo que hace que la economía sea particularmente sensible a variaciones en los precios internacionales del petróleo o a eventuales interrupciones en el suministro global.

La razón es sencilla: la energía está presente en casi todas las actividades productivas. Cuando suben los precios del combustible, aumentan los costos del transporte, se encarece la generación de electricidad y las empresas enfrentan mayores gastos operativos. Estos incrementos se trasladan gradualmente a lo largo de la cadena productiva, terminando por reflejarse en mayores precios para los consumidores.

Uno de los efectos más visibles es la inflación. El costo del combustible influye directamente en el transporte de alimentos, en los insumos agrícolas, en la logística comercial y en el funcionamiento de múltiples industrias. En economías donde los ingresos de los hogares son relativamente bajos, incluso incrementos moderados en los precios pueden erosionar rápidamente el poder adquisitivo de la población.

La situación fiscal tampoco es inmune a estos impactos. Aunque el déficit fiscal se ha mantenido relativamente moderado —en torno al 1.8 % del PIB en 2024 y con proyección cercana al 1.5 % para 2025—, el margen de maniobra sigue siendo limitado. Ante aumentos en el precio de los combustibles, los gobiernos suelen enfrentar presiones políticas para implementar subsidios o controles de precios. Si bien estas medidas pueden aliviar temporalmente el impacto sobre hogares y empresas, también pueden convertirse en una carga fiscal significativa si los choques externos se prolongan.

En este sentido, los choques externos no hacen más que revelar vulnerabilidades estructurales preexistentes: una alta dependencia de combustibles importados, una limitada diversificación exportadora y un espacio fiscal relativamente reducido para absorber perturbaciones prolongadas.

Sin embargo, la vulnerabilidad no es un destino inevitable. Las economías pueden fortalecer su capacidad de respuesta mediante políticas prudentes y reformas estructurales orientadas al largo plazo.

En el corto plazo, las políticas públicas deben concentrarse en proteger a los sectores más vulnerables mediante mecanismos de apoyo focalizados y temporales, evitando subsidios generalizados que distorsionen los precios y generen presiones fiscales permanentes. Al mismo tiempo, las autoridades monetarias deben mantenerse vigilantes para impedir que los aumentos transitorios en los costos de la energía se traduzcan en presiones inflacionarias más persistentes.

En el mediano plazo, reducir la dependencia de los combustibles fósiles importados debería convertirse en una prioridad estratégica. La expansión de fuentes de energía renovable —como la solar, hidroeléctrica o eólica—, junto con mejoras en la eficiencia energética y la modernización de la infraestructura eléctrica, puede contribuir a disminuir la exposición del país a la volatilidad de los precios internacionales del petróleo.

Finalmente, la verdadera capacidad de adaptación depende también de una mayor diversificación productiva. Las economías que dependen de un número reducido de sectores o exportaciones son inevitablemente más vulnerables a las fluctuaciones globales. Fortalecer la competitividad, ampliar la base exportadora y promover la innovación son pasos esenciales para construir una economía más equilibrada y con mayor capacidad de adaptación. Ello exige, además, atraer inversión privada en un entorno de instituciones sólidas, seguridad jurídica y respeto al Estado de derecho, especialmente en sectores donde Honduras posee claras ventajas competitivas, como el turismo, la actividad agroforestal y otros ámbitos vinculados a sus recursos naturales y a su posición geográfica.

Los choques externos seguirán siendo parte del panorama internacional. Para economías pequeñas como la hondureña, el desafío no es solo reaccionar cuando ocurren, sino reducir las vulnerabilidades antes de que lleguen, aun en medio de las múltiples necesidades sociales que el país debe atender. En un mundo incierto, la solidez de una economía no se mide cuando todo va bien, sino por su capacidad de resistir cuando el entorno se vuelve adverso. El verdadero desafío para las autoridades es atender las urgencias del presente sin dejar de fortalecer la capacidad de adaptación frente a los choques del futuro.

12. DE LA POBREZA MASIVA AL CRECIMIENTO SOSTENIDO: LECCIONES DE CHINA

Mientras algunos países permanecen atrapados en ciclos de bajo crecimiento, otros han logrado transformar su destino económico en una sola generación. A finales de la década de 1970, China era uno de los países más pobres del mundo, con más del 80% de su población viviendo en condiciones de pobreza y niveles de ingreso comparables con los de las economías más rezagadas. Cuatro décadas después, el contraste es difícil de exagerar. Para 2025, el ingreso per cápita alcanzó 13,866 dólares, mientras la pobreza extrema ha sido prácticamente erradicada según estándares internacionales. Entre 800 y 900 millones de personas salieron de la pobreza, en una de las transformaciones económicas más profundas de la historia moderna.

El punto de inflexión de ese cambio tiene nombre propio: Deng Xiaoping. Su liderazgo marcó el abandono del dogmatismo económico en favor de un enfoque pragmático orientado a resultados. Más que un modelo rígido, introdujo una forma de pensar el desarrollo: gradual, experimental y sostenida en el tiempo.

La experiencia china no es replicable en bloque. Sin embargo, ofrece lecciones relevantes para países como Honduras, donde el crecimiento ha sido lento y la reducción de la pobreza limitada. Entre ellas destacan cuatro pilares: la redefinición del papel del Estado, la educación como instrumento productivo, el desarrollo rural como punto de partida y la continuidad como condición esencial.

REFORMAS ESTRUCTURALES Y REDEFINICIÓN DEL PAPEL DEL ESTADO

El primer paso del proceso chino no fue la liberalización total, sino una redefinición gradual del rol del Estado. China transitó desde una economía centralmente planificada hacia un esquema híbrido, donde el mercado asumió un papel creciente sin que el Estado renunciara a su capacidad de dirección estratégica.

El proceso no implicó la retirada estatal, sino su transformación: el gobierno dejó de ser el único organizador de la producción para convertirse en facilitador del crecimiento, promoviendo incentivos, permitiendo la iniciativa privada y abriendo espacios a la inversión extranjera dentro de un marco controlado.

La clave no fue la velocidad, sino la secuencia. Las reformas se aplicaron gradualmente, probando mecanismos antes de expandirlos, lo que permitió corregir errores sin desestabilizar el sistema.

Para Honduras, esta experiencia sugiere que el desafío no es solo reducir el Estado, sino hacerlo más efectivo: fortalecer reglas claras, mejorar la capacidad institucional y crear condiciones para que los mercados funcionen con mayor previsibilidad.

CAPITAL HUMANO CON ORIENTACIÓN PRODUCTIVA

Para Deng Xiaoping, la educación era el fundamento del desarrollo. Tras la muerte de Mao Zedong en 1976, regresó al poder con la convicción de que modernizar China exigía reconstruir su sistema educativo y científico.

La educación dejó de estar subordinada a la ortodoxia ideológica y pasó a concebirse como instrumento del progreso económico. Se restablecieron exámenes nacionales, se rehabilitaron universidades y se promovió la formación de técnicos, ingenieros y científicos. Miles de jóvenes fueron enviados a capacitarse en universidades occidentales.

El crecimiento no fue solo resultado de inversión física, sino también de la expansión del capital humano. La educación básica se universalizó y se fortaleció la formación técnica, facilitando la transición hacia actividades más productivas.

Para Honduras, donde persisten brechas en calidad educativa, la lección es clara: no basta ampliar cobertura; es necesario alinear la formación con las necesidades productivas.

EL CAMPO COMO PUNTO DE PARTIDA

Contrario a la intuición de muchos modelos de desarrollo, China inició su transformación en el campo. La liberalización parcial de la agricultura permitió aumentar la productividad, vender excedentes y elevar los ingresos rurales.

El impacto fue multiplicador: redujo la pobreza, generó ahorro interno y liberó mano de obra hacia la industria. La mejora en los ingresos rurales fortaleció el consumo interno. El campo no fue una etapa previa al desarrollo industrial, sino su base.

En Honduras, donde amplios sectores dependen de la agricultura, esta experiencia sugiere que el desarrollo rural puede ser un motor económico. Incrementar la productividad agrícola y mejorar el acceso a mercados podría generar impactos más inmediatos que estrategias centradas exclusivamente en lo urbano.

LA IMPORTANCIA DE LA CONTINUIDAD

Si una característica distingue el proceso chino, es la persistencia. Durante décadas, el país mantuvo un rumbo relativamente consistente, ajustando instrumentos sin alterar objetivos centrales. El crecimiento sostenido no surge de una política aislada, sino de la repetición disciplinada de decisiones coherentes a lo largo del tiempo.

En Honduras, donde los ciclos políticos suelen redefinir prioridades, este es quizás el mayor desafío: sin continuidad, incluso las mejores reformas tienden a diluirse antes de generar resultados.

REFLEXIÓN FINAL: DIFERENCIAS QUE IMPORTAN

Reconocer estas lecciones no implica ignorar diferencias. China posee una escala, una capacidad estatal y una estructura política distintas. Pretender replicar su modelo sería inviable.

Pero el desarrollo no depende de copiar estructuras, sino de adaptar principios. China no se enriqueció por accidente: su transformación fue el resultado de decisiones pragmáticas aplicadas con disciplina y persistencia.

Para Honduras, la lección no es convertirse en China, sino construir su propia trayectoria de crecimiento basada en experimentación, coherencia y continuidad. Porque el desafío del desarrollo no es encontrar el modelo correcto, sino sostener las decisiones correctas el tiempo suficiente para que produzcan los resultados deseados.

13. DESARROLLO ECONÓMICO EN HONDURAS: TEORÍA, INSTITUCIONES Y PRÁCTICA

Desde mis años de estudiante en la Facultad de Economía de la UNAH, a mediados de la década de 1970, reflexionábamos sobre una pregunta fundamental: ¿por qué algunas naciones prosperan mientras otras permanecen atrapadas en ciclos persistentes de bajo crecimiento? Durante décadas, economistas y autoridades han intentado responderla, y las teorías del desarrollo económico surgieron precisamente para explicar ese enigma. Sin embargo, al observar países como Honduras, surge una interrogante inevitable: ¿en qué medida esas teorías han sido aplicables en la práctica?

El crecimiento económico y el bienestar han sido, desde los inicios de la ciencia económica, temas centrales de reflexión. Si bien las limitaciones de espacio impiden abordar a todos los pensadores que han contribuido a este campo, en la obra de los economistas clásicos se encuentran ya los fundamentos de este debate. Autores como Adam Smith, Thomas Malthus y David Ricardo consideraban que el bienestar formaba parte esencial del análisis de las causas y consecuencias del crecimiento económico.

Sin embargo, después de la Segunda Guerra Mundial, el desarrollo dejó de ser una preocupación académica para convertirse en una prioridad global. La reconstrucción de Europa, junto con la independencia de numerosos países en Asia y África, planteó el desafío de transformar economías de bajos ingresos en sociedades capaces de sostener el crecimiento y mejorar las condiciones de vida. En ese contexto surgieron las primeras teorías formales del desarrollo económico.

En ese ambiente de optimismo emergieron, a finales de la década de 1940 e inicios de la de 1950, las primeras visiones sistemáticas del desarrollo. Modelos iniciales, como los propuestos por Roy F. Harrod y Evsey Domar, destacaban el papel del ahorro y la inversión como motores del crecimiento sostenido. Posteriormente, los aportes de Robert Solow señalaron que, en ausencia de avances tecnológicos, el crecimiento per cápita tendería a desacelerarse y eventualmente estancarse en el largo plazo. Sobre esa base analítica, Walt W. Rostow y otros economistas propusieron, a inicios de la década de 1960, que las naciones avanzaban gradualmente a través de etapas previsibles.

Sin embargo, la experiencia de América Latina pronto mostró que el camino hacia el desarrollo no era tan lineal como sugerían las teorías iniciales. Raúl Prebisch y Hans Singer argumentaron que muchos países permanecían especializados en la exportación de materias primas mientras importaban productos industriales, lo que limitaba sus posibilidades de crecimiento sostenido. Paralelamente, Arthur Lewis analizó estructuras económicas duales, caracterizadas por la coexistencia de sectores tradicionales y modernos. De estas reflexiones surgieron corrientes como la teoría de la dependencia, que sostenía que el subdesarrollo no era solo resultado de factores internos, sino también de una inserción desigual en la economía mundial.

Con el paso del tiempo, el debate sobre el desarrollo comenzó a desplazarse hacia factores más profundos que el simple volumen de inversión. Investigadores como Douglass North y otros exponentes de la nueva economía institucional señalaron que el crecimiento sostenido no dependía solo de la inversión o del comercio, sino también de instituciones capaces de garantizar derechos de propiedad, seguridad jurídica y administraciones públicas eficaces. Paralelamente, economistas como Paul Romer destacaron el papel del conocimiento, la innovación y el capital humano. La evidencia mostró que, sin instituciones sólidas que favorezcan la creación y difusión del conocimiento, incluso políticas económicas bien diseñadas podían producir resultados limitados. Países como China y otras economías de Asia oriental evidenciaron que la continuidad institucional puede ser tan importante como la inversión misma.

Al observar la trayectoria del desarrollo económico de Honduras, muchas de estas ideas adquieren un significado concreto. Durante décadas, bajo el extinto Consejo Superior de Planificación Económica —mi primer empleador—, se adoptaron planes, programas y reformas inspirados en distintas corrientes teóricas. Sin embargo, tras su eliminación y el debilitamiento progresivo de la base institucional que sostenía estos esfuerzos, las iniciativas se volvieron más dispersas y aisladas. En consecuencia, los resultados han sido desiguales. Esto se explica, en parte, porque la transformación productiva y el fortalecimiento institucional han avanzado con lentitud y, con frecuencia, sin continuidad entre administraciones.

Más de medio siglo después de aquellas discusiones académicas que marcaron a una generación de economistas, y tras la aplicación de políticas inspiradas en esas teorías, la pregunta fundamental sigue vigente. Las teorías del desarrollo han ofrecido marcos útiles para comprender los desafíos del crecimiento económico, pero ninguna ha constituido una fórmula automática para el éxito. La experiencia internacional sugiere que el desarrollo no depende solo de adoptar nuevas ideas, sino de construir instituciones capaces de sostener políticas coherentes en el tiempo. Para países como Honduras, el verdadero desafío no es elegir entre teorías, sino convertir el conocimiento acumulado en decisiones prácticas sustentadas en instituciones que diseñen y den seguimiento a políticas orientadas al desarrollo.

En ese sentido, sin una institucionalidad capaz de pensar más allá del corto plazo, incluso las mejores ideas corren el riesgo de diluirse en esfuerzos aislados y resultados pasajeros. Con ella, en cambio, el conocimiento deja de ser una aspiración abstracta y se convierte en una fuerza transformadora, capaz de orientar decisiones, sostener políticas coherentes y dar continuidad a los procesos que construyen el desarrollo. Porque, en última instancia, no son solo las ideas las que transforman a las naciones, sino la capacidad de sus instituciones para convertir esas ideas en acciones persistentes a lo largo del tiempo.

14. HONDURAS: CUANDO EL ESTADO FALLA EN LO ESENCIAL

Durante décadas, la discusión sobre el papel del Estado ha ocupado un lugar central en diversos círculos económicos y políticos. Desde posiciones que defienden una amplia intervención pública hasta aquellas que sostienen que el gobierno debe concentrarse en funciones esenciales, la pregunta persiste: ¿qué responsabilidades debe asumir el Estado sin comprometer la estabilidad y el desarrollo de una sociedad?

Incluso las corrientes económicas más favorables a una intervención limitada del gobierno han reconocido ciertas obligaciones fundamentales del Estado. En Free to Choose, Milton Friedman sostenía que muchas actividades pueden ser realizadas con mayor eficiencia por individuos y mercados; sin embargo, también reconocía la necesidad de instituciones públicas capaces de garantizar seguridad, proteger los derechos de propiedad, hacer cumplir la ley y preservar condiciones básicas de estabilidad y confianza.

En países con instituciones consolidadas, el debate suele centrarse en cuánto debe intervenir el Estado en la economía y la vida social. Honduras, sin embargo, continúa enfrentando un desafío más elemental: construir un Estado funcional, capaz de cumplir adecuadamente sus funciones esenciales.

Durante décadas, el aparato público hondureño ha aumentado mediante la creación de nuevas instituciones, programas y estructuras administrativas; sin embargo, esa expansión no siempre ha estado acompañada por mejoras proporcionales en la calidad de los servicios públicos ni en la capacidad del Estado para cumplir sus tareas básicas. Más que un problema relacionado únicamente con el tamaño del gobierno, la experiencia hondureña refleja dispersión institucional, debilidad técnica y limitada capacidad de ejecución.

La expansión administrativa también ha producido instituciones superpuestas, duplicidad de funciones y estructuras cuya eficacia resulta difícil de evaluar. Con frecuencia, la creación de nuevas dependencias responde más a prioridades políticas de corto plazo que a evaluaciones técnicas profundas, sin ir acompañada de suficientes capacidades, recursos o mecanismos efectivos de coordinación. A ello se suman la alta rotación política, la limitada continuidad profesional y una burocracia más orientada al cumplimiento de procedimientos que a la obtención de resultados.

Mientras el Estado hondureño participa en un número cada vez mayor de actividades, continúa mostrando dificultades para garantizar funciones que impactan directamente la vida cotidiana de los ciudadanos. Seguridad pública, administración de justicia, infraestructura, regulación ambiental y transparencia institucional siguen siendo áreas marcadas por debilidades estructurales. En amplias zonas del país persisten problemas de extorsión, control territorial de estructuras criminales y limitada presencia institucional, evidenciando las limitaciones del Estado en funciones que justifican su existencia: la protección de la vida, la propiedad y el cumplimiento de la ley.

Para miles de ciudadanos, la debilidad institucional no es un concepto abstracto. Se manifiesta en trámites interminables y servicios públicos deficientes. Antes de discutir cuánto debe intervenir el Estado, Honduras enfrenta un desafío más básico: fortalecer instituciones capaces de cumplir adecuadamente sus funciones esenciales.

Las consecuencias de esta fragilidad institucional trascienden el ámbito administrativo. La debilidad en funciones básicas del Estado incrementa la incertidumbre jurídica, afecta la inversión y limita la capacidad del país para generar desarrollo sostenible. La confianza económica no depende únicamente de incentivos fiscales, sino también de reglas estables, contratos respetados e instituciones capaces de resolver disputas de manera confiable.

Cuando los sistemas de justicia funcionan lentamente, los registros de propiedad presentan inconsistencias o las regulaciones se aplican desigualmente, las consecuencias afectan tanto a los ciudadanos como a la actividad económica. Un Estado débil con frecuencia genera mercados menos competitivos y distorsionados, donde las ventajas dependen menos de la productividad que de la cercanía política o del aprovechamiento de vacíos institucionales.

En esos contextos, algunos actores económicos privados encuentran ventajas en la discrecionalidad administrativa, la debilidad de los controles estatales o las relaciones políticas, en lugar de competir mediante innovación y eficiencia. Al mismo tiempo, las empresas que buscan operar bajo reglas claras enfrentan desventajas frente a quienes prosperan aprovechando la limitada supervisión estatal.

Cuando el aparato público se expande sin fortalecer sus funciones esenciales, el riesgo no es únicamente la ineficiencia administrativa, sino también el deterioro progresivo de la confianza ciudadana en las instituciones.

Más allá de los debates ideológicos sobre el tamaño del Estado, Honduras enfrenta una discusión más urgente: la capacidad de sus instituciones para garantizar seguridad, justicia, estabilidad y reglas confiables. Ningún país puede aspirar a un desarrollo sostenible cuando las funciones básicas del Estado operan de manera frágil o inconsistente.

Para las autoridades, el reto no consiste únicamente en crear nuevas estructuras, sino en fortalecer las capacidades institucionales allí donde la población más lo necesita. La modernización del Estado requiere priorizar resultados, continuidad técnica y coordinación efectiva, evitando que la expansión administrativa continúe sustituyendo las reformas de fondo que el país demanda.

La experiencia de numerosos países demuestra que el desarrollo sostenible depende de la existencia de instituciones capaces de garantizar estabilidad, confianza y cumplimiento de la ley. En Honduras, fortalecer esas instituciones continúa siendo una condición indispensable para cualquier proyecto serio de modernización nacional.

Tras examinar los fundamentos económicos del país, la siguiente sección nos invita a mirar al pasado, para comprender cómo la historia ha moldeado las estructuras y decisiones que aún hoy determinan nuestro presente.

II. MENSAJES HISTÓRICOS

15. GREGOR I, PRINCIPE SOBERANO DE POYAIS: UNA EXTRAÑA AVENTURA EN LA HONDURAS DEL S. XIX

A finales del año 1811, un joven escocés, oficial del ejército británico, corpulento y de 1.75 m de estatura, recientemente viudo, partía hacia América Latina, motivado por la aventura de participar en los movimientos emancipadores que se fraguaban en esta región. Este oficial de 25 años era Gregor MacGregor, quien posteriormente sería uno de los personajes más oscuros en la historia de Honduras del siglo XIX.

En ese año, MacGregor arriba a Venezuela e inmediatamente se pone a la orden y ofrece sus servicios militares, primero a Francisco de Miranda y posteriormente a Simón Bolívar; ambos líderes del movimiento independentista de ese país. En el año 1812, MacGregor contrae nupcias en Caracas con Josefa Aristeguieta y Lovera, prima del Libertador Bolívar.

Comenzando con el rango de coronel, en 1817 Bolívar ascendió a MacGregor al rango de general de división y le ofreció una medalla de honor por su coraje y valentía durante las guerras sangrientas libradas. Ese mismo año, buscando nuevas aventuras militares, MacGregor abandona Venezuela y se embarca, con 150 mercenarios, en la tarea de independizar la Florida, que entonces también pertenecía a España. Rápidamente estos soldados de fortuna someten al contingente español y se toman el fuerte de San Carlos en la isla Amelia, al este de la Florida. Inmediatamente, James Monroe, quinto presidente de la nación estadounidense, desplaza la artillería de Carolina del Sur para combatir a MacGregor, pero antes del arribo de los soldados estadounidenses, MacGregor logró escaparse por mar.

Posteriormente, en 1819 reaparece MacGregor tomándose la ciudad de Portobelo, en Panamá, pero no por mucho tiempo, ya que los soldados españoles la retomaron y expulsaron a MacGregor. Podemos decir que acá terminan las aventuras "bélicas" de

MacGregor, quien inicia una nueva faceta que podemos calificar de aristócrata y financiero y que se relaciona directamente con Honduras.

En 1820, MacGregor, con un puñado de sus colaboradores más cercanos, llega a la Mosquitia, oriente de Honduras, y por medio de artimañas obtiene del rey del pueblo misquito, George Frederick Augustus I, una concesión de una gran porción de territorio y se autoproclama "PRÍNCIPE SOBERANO DE POYAIS Y SUS DEPENDENCIAS Y CACIQUE DE LA NACIÓN DE LOS POYERS". El recién inventado reino abarcaba, además de gran parte de la Mosquitia, parte del departamento de Olancho y las islas de Roatán y Guanaja. El asentamiento principal de MacGregor estaba localizado a 60 millas de la desembocadura del río Tinto o Negro (llamado entonces Poyais); en esta región ya existía una fuerte influencia inglesa.

En abril de 1821, el "Príncipe MacGregor" y su extravagante esposa Josefa se embarcan rumbo a Londres, con el objetivo de promover el interés del pueblo británico en su nuevo reino de valles fértiles y soleados. Además de preparar y distribuir por toda la Gran Bretaña material publicitario sobre las virtudes de Poyais, MacGregor se agencia un préstamo por 200,000.00 libras esterlinas, mediante un esquema financiero de emisión de 2,000 bonos, que inicialmente se ofrecieron en el mercado londinense y posteriormente, cruzando el Canal de la Mancha, en París. Los bonos, firmados y sellados por el mismísimo MacGregor, tenían un valor de £100.00 cada uno, con un vencimiento de 30 años y devengaban una tasa de interés de 5 % anual, pagadera semestralmente. Como garantía a los compradores de bonos, MacGregor ofreció imponer un impuesto de 2.5 % a las importaciones de Poyais. Y por si esto fuese poco, los bonos se declararon canjeables por tierra en el descrito Edén tropical de Poyais, al precio de mercado, que según MacGregor no era menor a $2.00 por acre (1 acre equivale aproximadamente a 0.40 hectáreas).

Entre 1822 y 1823 comenzaron a llegar los primeros barcos con ingenuos y soñadores inmigrantes ingleses, quienes no encontraron ni el puerto ni la capital de Poyais y muchos de ellos enfermaron y murieron, y otros que sobrevivieron fueron evacuados por la marina británica hacia Belice. La indignación de los tenedores de los bonos no se hizo esperar, ya que únicamente recibieron de su malograda inversión el equivalente a un año de intereses. Sin embargo, la astucia de MacGregor prevaleció y entre 1824 y 1826, ayudado por conexiones políticas influyentes, siguió vendiendo en el Reino Unido acciones y certificados de tierra de Poyais. Además, también utilizó sus argumentos financieros y de buen vendedor para promover estos instrumentos en Francia y en 1825 llegó también un grupo de incautos inmigrantes franceses a la costa misquita. Actualmente los Bonos Poyais son piezas curiosas en manos de coleccionistas, quizás ingleses o franceses descendientes de alguna de las víctimas desafortunadas de MacGregor.

Después de sortear hábilmente los problemas legales asociados con su esquema financiero fraudulento, MacGregor y su esposa permanecieron en Europa y vivieron entre Francia y Escocia con sus dos hijos, Josefa María y Constantino. A principios de 1838 falleció su esposa Josefa en Edimburgo. En agosto de ese mismo año, MacGregor regresa a Venezuela y presenta al Gobierno de ese país una solicitud formal de nacionalización y restauración de su antiguo rango militar. El Gobierno accede positivamente a esta solicitud y le otorga la carta de naturalización y le restablece el grado de general de división, otorgándole la pensión correspondiente. El soldado, príncipe, financista y estafador Gregor MacGregor murió en Caracas en 1845, a la edad de 59 años, y fue enterrado con todos los honores de héroe nacional.

16. ENTRE DOS AGUAS: DEL ATLÁNTICO AL PACÍFICO DESDE EL SIGLO XIX

El descubrimiento del Océano Pacifico en 1513, por Vasco Núñez de Balboa desató en Europa, particularmente en la Península ibérica, la ambición de encontrar una ruta que comunicara ambos océanos. Para los españoles el Océano Pacifico o Mar del Sur llevaría a territorios y muchas islas ricas en oro, perlas, piedras preciosas y especies. En palabras de Hernán Cortes al Rey Carlos V, se descubrirían "muchos secretos y cosas admirables". En 1526, la Corona española instruía al Gobernador de Panamá, Pedro de los Ríos, a abrir un camino entre los puertos Nombre de Dios y Panamá, para transportar a España las especies y desde Panamá llevar mercadería a las islas Molucas (parte del Archipiélago de Indonesia). Posteriormente, con la conquista del Reino de los Incas, por Francisco Pizarro en noviembre de 1532, el istmo de Panamá y su ruta entre los dos puertos se convirtieron en el paso obligado hacia España de los tesoros de oro y plata y de mercadería del Viejo Mundo hacia América del Sur.

Además de Panamá, en la franja estrecha entre norte y sur de América, también se exploraron otras rutas interoceánicas, sobresaliendo: el Istmo de Tehuantepec en el estado de Oaxaca, México y Nicaragua, aprovechando las aguas del río San Juan y de los lagos Managua y Nicaragua. Inclusive, para algunos historiadores, la búsqueda de la ansiada ruta interoceánica desempeñó un papel importante en la fragmentación de América Central.

Honduras, por su posición geográfica estratégica y las condiciones de sus bahías naturales en ambos océanos, también fue un protagonista importante en la búsqueda de esa ruta. Ya desde 1536, Francisco de Montejo, Gobernador de Honduras y Yucatán, envió una carta al Rey Carlos V de España, recomendando la construcción de una ruta para animales de carga entre Puerto Caballos (hoy Puerto Cortes) en el Caribe y la Bahía de Fonseca en el sur, pasando por Comayagua, en el centro del país. Montejo argumentaba que, considerando las condiciones geográficas y climáticas de los puertos en ambos océanos, la ruta hondureña era una mejor opción a la vía por Panamá. Adicionalmente, el Gobernador mencionaba qué por su localización estratégica, Puerto Caballos podría servir como centro distribuidor de mercancías a Veracruz (puerto importante en México) y otros lugares en el Mar Caribe.

Sin embargo, fue hasta el año 1555 que Juan García de Hermosilla (soldado, mercante y dueño de embarcaciones) presentó el primer análisis de campo de las condiciones de la ruta de Puerto Caballos a la Bahía de Fonseca, ante la Casa de Contratación de Sevilla (institución establecida en 1503, para fomentar y regular el comercio y navegación entre España con sus territorios de ultramar). El reporte de García incluía aprovechar el potencial navegable del río Ulúa (uno de los más caudalosos e importantes de Honduras) hasta cerca de Comayagua, para luego continuar por tierra en carretas y/o mulas hasta los puertos en la Bahía de Fonseca. Desde aquí, la dirección de los vientos favorecía las líneas comerciales navegables con el Alto Perú, facilitando el traslado de minerales y mercancías hacia la península.

Posteriormente, en 1586, el ingeniero italiano Juan Baptista Antonelli (Giovanni Battista Antonelli) junto al español Diego de Quintanilla fueron comisionados para realizar una investigación más detallada de la mencionada ruta por el territorio hondureño. Antonelli y Quintanilla presentaron en 1590 un informe exhaustivo con estimaciones precisas sobre el volumen potencial de las mercancías y mulas necesarias para su transporte entre ambos océanos. Los autores analizaron variables específicas como el número de esclavos para el arreo de los animales de carga, el maíz requerido para alimentarlos y número de capataces españoles para realizar la travesía.

Antonelli y Quintanilla informaron de algunas dificultades geográficas como la distancia entre las costas, de aproximadamente 70 leguas (una medida de longitud antigua, equivalente a 6.1 kilómetros), siendo mayor que en otras rutas alternativas. Otra dificultad señalada era la necesidad de fortificar Puerto Caballos para hacerlo menos vulnerable a ataques piratas. Por las características naturales del mismo (separado de tierra firme por la laguna de Alvarado, apaciguando sus aguas y convirtiéndolo en un verdadero puerto natural), se exponía la seguridad de la mercancía. Adicionalmente, había que construir varios puentes y canales de drenaje con poca mano de obra disponible para realizar estos menesteres, al ser Honduras un territorio con baja densidad de población. Asimismo, la escasa actividad en labores agrícolas de nativos y europeos a lo largo de la travesía, dificultaba la obtención de alimentos. Ambas consideraciones humanas y geográficas encarecían notablemente el proyecto.

A principios de los 1600s Joannes DeLaet, geógrafo y comerciante holandés, escribió "Mundo Nuevo o Descripción de las Indias Occidentales", un testimonio en varios tomos donde relata que a pesar de los muchos intentos de persuadir al Rey de habilitar la ruta Puerto Caballos — Golfo de Fonseca, alterna a la ruta de Panamá, no habían podido persuadirlo. Además de los costos humanos y económicos, el soberano temía la amenaza inminente de los piratas ingleses y franceses en toda la costa de Caribe, particularmente en Puerto Caballos y Trujillo (irónicamente, por sus condiciones naturales envidiables). Tal llegó a ser el miedo a estos piratas y corsarios, que en 1605 la corona ordenó el traspaso de la población de Puerto Caballos a Santo Tomás de Castilla, el recién estrenado puerto en Guatemala (en un lugar edénico en la Bahía de Amatique, a orillas del lago de Izabal), desplazando el tráfico de las flotas (y por ende el comercio) y cerrando la puerta en la historia de una ruta interoceánica por Honduras.

Más de dos siglos después, a partir de 1849, la Fiebre del Oro en California se convirtió en el principal incentivo para comenzar en 1850 y finalizar cinco años después, el ferrocarril que conecta ambos océanos en el Istmo de Panamá. Posteriormente, en 1881, los franceses darían inicio a las obras colosales del Canal de Panamá, inaugurado en 1914 por los estadounidenses, dando lugar al esperado encuentro entre las aguas del norte y el sur. Para ser exactos, cuatrocientos años después que Núñez de Balboa descubriera el azul profundo.

17. ENTORNO POLÍTICO Y ECONÓMICO DEL BABY BOOM

El término Baby Boomer es usado para describir a las personas que nacieron durante el baby boom, período que aconteció en algunos países anglosajones, contemporáneo y posterior a la Segunda Guerra Mundial, entre 1946 y 1964. A muchos hondureños, pero particularmente a las generaciones que nacieron en años posteriores, les resultarán curiosidades algunos datos y acontecimientos políticos y económicos que son antecedentes "Baby Boomers" de la Honduras que conocemos hoy.

En el año 1950, la población total de Honduras era de 1.5 millones de habitantes. El 1 de enero de 1949, prestaron promesa de ley como presidente y vicepresidente de la República, Juan Manuel Gálvez y Julio Lozano Díaz. En su discurso de posesión el presidente Gálvez hizo énfasis especial en la conciliación de la sociedad hondureña, el apoyo a la agricultura y la construcción de carreteras. Previamente al Gobierno de Gálvez no existía una política de promoción y desarrollo económico coordinado del país. Con la creación del Banco Central, del Banco de Fomento y el establecimiento de un impuesto sobre la renta y posteriormente la fundación del Consejo Nacional de Economía, el Gobierno de Gálvez plantó los cimientos para iniciar su plan de desarrollo nacional.

Con la asistencia técnica de los economistas Paul Vinelli (Fondo Monetario Internacional) y Vittorio Marrama (Banco Mundial) se redactó la legislación monetaria y financiera del año 1950. El 17 de febrero de 1950 el Congreso Nacional aprobó la creación del Banco Central de Honduras y del Banco Nacional de Fomento, los cuales fueron inaugurados en abril de 1951. Por su parte, Vinelli y Marrama se incorporaron ese mismo año al grupo docente del recién creado Departamento de Ciencias de la Economía de la Universidad Nacional, en el cual ya se habían inscrito 108 jóvenes.

Con la creación del Banco Central se inauguró un nuevo sistema monetario y cambiario. El lempira, la moneda nacional, se ligó al patrón oro, y el derecho de emitir moneda se transfirió de los bancos privados al Banco Central. Se eliminaron los controles cambiarios y el lempira se convirtió en moneda de libre convertibilidad, a una tasa de L2.00 = US$1.00. Además, el Banco Central procedió a retirar de circulación todo tipo de moneda extranjera, principalmente US$, colones salvadoreños y quetzales guatemaltecos. El Banco Nacional de Fomento se capitalizó con un fondo de 1.5 millones de lempiras. Adscrita al Banco de Fomento comenzó a operar una División Técnica que funcionaba como una oficina semiindependiente que se encargaría de definir la política de desarrollo económico del país.

En materia institucional, otro gran paso fue la creación en noviembre de 1954 del Consejo Nacional de Economía, nombrándose como su primer secretario al ciudadano don Jorge Bueso Arias. El Consejo elaboró el Plan Nacional de Desarrollo Económico, 1958-1962; acompañaba a este Plan un programa detallado de inversión pública prioritaria para el sector transporte y energía.

El 1 de octubre de 1954 se llevaron a cabo elecciones generales para la Presidencia de la República; participaron Ramón Villeda Morales (Partido Liberal), Tiburcio Carías Andino (Partido Nacional) y Abraham Williams Calderón (Movimiento Nacional Reformista). De acuerdo con los resultados reportados, ninguno de los candidatos obtuvo mayoría absoluta (según la historiadora Argentina González, se reconocía la ventaja relativa de Villeda Morales).

El 15 de noviembre de 1954, el Consejo de Ministros autorizó al presidente Gálvez, quien argumentaba motivos de salud, a depositar la Presidencia en Julio Lozano Díaz. El 6 de diciembre Lozano Díaz emitió un comunicado, anunciando que el proceso constitucional había fracasado, y que asumía todos los poderes del Estado y hacía un llamado a integrar un gobierno de transición formado por miembros de los tres partidos. Durante los meses siguientes se agudizó la inestabilidad política en el país, produciéndose el encarcelamiento y exilio de los principales líderes de los partidos de oposición, organizaciones de obreros, profesionales y estudiantes. En octubre de 1956, Lozano Díaz fue sustituido por un golpe de Estado de una Junta Militar de Gobierno.

Hoy en día, la población de Honduras suma un poco más de 9 millones, de los cuales 8.5 millones nacieron después de 1954, o sea tienen menos de 65 años y 3 millones son menores de 14 años (Instituto Nacional de Estadística). Con el paso de los años, la Secretaría de Planificación, entidad que se encargaba de definir y monitorear la política social y económica del país, se debilitó hasta desaparecer; esta importante función está diluida en diferentes oficinas de Gobierno y algunos ensayos de cooperación con el sector privado. Por su parte, el Banco Nacional de Desarrollo Agrícola, con una mora de más del 70 % de su cartera, se vuelve financieramente insostenible. El Banco Central de Honduras sufre los embates continuos de la politización, que repercuten en el deterioro de su imagen y credibilidad para cumplir la misión de mantener la estabilidad de precios y promover el crecimiento económico.

Los líderes de todos los sectores de la sociedad hondureña deben reconocer que es necesario un proceso de reconciliación para avanzar hacia un proyecto nacional común. La reflexión debería conducirlos a aprender de los éxitos y errores del pasado y así hacer frente a los crecientes retos económicos, sociales y ambientales, en un entorno internacional más competitivo y globalizado, lo cual agrega un sentido de urgencia para procurar a los 3 millones de menores un mejor futuro en su propia patria.

18. EL BREGAR CENTENARIO E INFRUCTUOSO DE LOS CENTROAMERICANOS

El 1 de enero de 1909 se inauguró en Tegucigalpa la Primera Conferencia Centroamericana, en la cual participaban delegados de Costa Rica, Guatemala, El Salvador, Honduras y Nicaragua. Esta convención, centrada en la discusión de temas económicos, pretendía conciliar los intereses comunes de las cinco Repúblicas, incluyendo la relación del istmo con el resto del mundo. El objetivo era buscar unificar los intereses económicos de los países para ir preparando la unión política.

Las discusiones de los delegados se centraban en tres temas: sistema monetario, sistema aduanero y sistema de pesos y medidas; además de un cuarto tema sobre disposiciones particulares de orden económico y fiscal.

Para la elaboración y presentación de su informe oficial, el Gobierno de Honduras nombró una Comisión Auxiliar integrada por: Rómulo E. Durón (Presidente), Federico Travieso y Octavio R. Ugarte. El vocero hondureño (Durón) comenzó su exposición resaltando que la fragmentación de la Patria Grande que soñaba Morazán y otros heroicos centroamericanos, era la causa principal del atraso económico de nuestros países, comparado con la prosperidad que ya se observaba en otras naciones latinoamericanas, surgidas de la independencia de España. Para la Comisión, la acción pública, debería promover la iniciativa privada, para converger en ciudadanos sanos, solventes y libres; buscando la unión de las repúblicas, que nunca debieron separarse.

La problemática del sistema monetario se centraba en las bondades e inconvenientes de adoptar el reciente patrón oro (monometalismo), frente al sistema bimetálico (plata y oro). Según la Comisión hondureña, el patrón oro presentaba para nuestros países dos inconvenientes: 1. Al desmonetizar la plata, se corría el riesgo de que la oferta de oro no cubriera la totalidad de las necesidades monetarias. 2. Las variaciones de los precios internos serían más pronunciadas con el patrón único que con el bimetálico. Sin embargo, la Comisión reconoció que tarde o temprano el sistema bimetálico iría desapareciendo ya que, en el mercado internacional, el precio relativo de la plata frente al oro se deterioraba continuamente. Por lo tanto, la Comisión recomendó el patrón oro para el peso centroamericano (aprobado ya por Costa Rica), o negociar convenciones bilaterales con otros países para establecer equivalencias fijas respecto a otras monedas (como el caso del sol mexicano que equivalía a medio US dólar, después del acuerdo entre México y Estados Unidos)

Respecto al sistema aduanero, la Comisión respaldó la política comercial de Honduras, fundada en establecer aranceles con un objetivo más cercano a la política fiscal, que un propósito proteccionista. Según el informe, se buscaba favorecer a todos los ciudadanos, representados en los consumidores y no a grupos particulares de productores. Esta posición es sumamente interesante, considerando que los principales actores en el comercio internacional (Inglaterra y Estados Unidos) ya venían aplicando políticas comerciales proteccionistas.

Sobre el sistema de pesas y medidas, conocido técnicamente como Metrología, la posición de la Comisión era a favor del sistema decimal, ya adoptado por Costa Rica y Honduras. Se recomendaba facilitar el uso del sistema adoptando una doble nomenclatura: el nombre de uso corriente a la par del nombre técnico. Otros temas económicos abordados por la Comisión en la conferencia fueron los privilegios a la agricultura y la minería que deberían de adoptarse en todos los países. Adicionalmente, se sugería que cada cinco años, se presentaran los productos naturales e industriales regionales, el evento debería irse rotando en cada una de las capitales centroamericanas.

Han transcurrido 110 años desde esta Primera Conferencia Centroamericana. A la fecha, los avances que reportan estos cinco países para uniformar políticas económicas y cooperar en el fomento de los intereses económicos son minúsculos. La visualización y entusiasmo de los delegados de avanzar hacia una unidad política en la región parece un sueño muy distante. Tomemos como ejemplo los diferentes sistemas de política cambiaria: Costa Rica, Flotación administrada; El Salvador, tipo de cambio fijo (dolarización);

Guatemala, sistema flexible; Honduras, subasta diaria de divisas, con precios comprendidos en una banda cambiaria; y Nicaragua, minidevaluaciones diarias pre—anunciadas. La ironía de esta falta de convergencia de políticas en la región es que hoy los retos son mayores y lo lógico sería cooperar para enfrentar juntos los problemas de pobreza, narcotráfico, violencia y presión demográfica, por mencionar algunos. ¿qué tomaría despertar esta voluntad de verdadera cooperación en nuestros líderes?

19. ¡SI YO SOY ESCLAVA, TÚ, HIJO MÍO, SERÁS LIBRE!

Aquí una anécdota que, además de ilustrativa, nos recuerda que hace muchos años la esclavitud existió en nuestro país. En el Archivo Colonial del Juzgado de Letras 1.º de lo Civil de Tegucigalpa se encuentra registrado este hecho real, dramático, valiente y curioso; dichosamente descubierto por el historiador hondureño Juan B. Valladares Rodríguez y publicado con el título de este artículo, en enero de 1969, por la Revista Anales del Archivo Nacional en Tegucigalpa.

Este acontecimiento sucedió el cinco de julio de 1790, y relata que en la Real Villa de Tegucigalpa, ante don Andrés de Zepeda, capitán de Milicias y alcalde ordinario nominado por su Majestad, compareció la testigo, doña María Manuela Barrientos, vecina de esta Villa, quien certificó que conocía a su esclava, Úrsula Barrientos, soltera, que se encontraba embarazada; además, que un alma generosa le había suministrado veinticinco pesos para que la criatura que tenía en su vientre naciera libre de esclavitud. Por su parte, el señor alcalde manifestaba haber recibido de contado, en moneda corriente y a su entera satisfacción, los 25 pesos y, por lo tanto, el nuevo ser nacería libre de todo cautiverio, servidumbre y sujeción.

La anécdota anterior deja entrever que 231 años después, en Honduras aún sin esclavitud, muchas niñas y mujeres no son dueñas de su propio destino, sufren maltratos de todo tipo y algunas hasta se convierten en víctimas mortales del machismo. Según el Observatorio Nacional de la Violencia de la Universidad Nacional, en el período 2005 al 2020, se cometieron más de 6,400 crímenes contra mujeres y de estos, al menos 6 mil permanecen sin ser esclarecidos, o sea están en la impunidad. Según la misma fuente, en el año 2019, de los 406 casos de mujeres que perdieron la vida de forma violenta, 122 eran menores de 24 años y, entre ellas, 70 eran niñas y adolescentes de 0 a 19 años. Por otra parte, según cifras del Ministerio de Salud, durante 2019 se atendieron 26,969 partos de niñas y adolescentes de 10 a 19 años, con un promedio de 74 partos por día (tres cada hora). Únicamente para niñas de 10 a 14 años, se registraron 824 casos. Cabe notar que el Código Penal establece que el parto de una niña menor a 14 años es considerado como producto de una violación.

Un mensaje para los políticos de nuestro país: la eliminación de la violencia contra las mujeres, más allá de una promesa de campaña, debe ser un soporte importante en la política social del próximo gobierno, que asumirá los destinos de Honduras en 2022. La agenda para reducir la violencia contra las mujeres deberá centrarse en tres pilares: 1) Prevención: realizar campañas de sensibilización, particularmente con la población joven, utilizando preferentemente las nuevas tecnologías de comunicación y las redes sociales. 2) Protección: apertura, en diferentes ciudades, de centros de atención a las víctimas de violencia de género. 3) Acompañamiento: impulsar la inserción en el mercado laboral de adolescentes y mujeres víctimas de violencia de género, en colaboración con gobiernos municipales y el sector privado. Muchas otras acciones específicas para cada pilar deben incorporarse revisando las experiencias exitosas de otros países y escuchando la opinión de los expertos.

Durante las primeras siete semanas de 2021, ya se reporta el asesinato de 30 mujeres. Al igual que en la anécdota sobre la esclava Úrsula y su noble gesto de procurar la libertad de su hijo, si se adoptan con prontitud políticas para reducir la violencia contra las mujeres, se facilitaría a millones de niñas y mujeres hondureñas la posibilidad de dirigir su propio destino.

20. TORQUEMADA Y LAS FALSAS LECCIONES PARA ADMINISTRADORES

El Presbítero español Tomás de Torquemada (1420—1498), fue confesor de la Reina Isabel la Católica y, a pesar de sus ascendientes judíos, realizó una persecución a los judeoconversos. Para combatir las prácticas judaizantes, según Torquemada, por su influencia, los reyes solicitaron al papa Sixto IV, la creación del Tribunal de la Inquisición, como dependencia directa de la Corona, el cual se constituyó el 1 de noviembre de 1478. Nombrado Inquisidor General, Torquemada redactó el reglamento que guiaba las acciones de los inquisidores. Su nombre es sinónimo de la crueldad y fanatismo al servicio del catolicismo. Sobre su vida personal, muchos estudiosos lo consideran como un austero y eficiente administrador.

Rafael Heliodoro Valle (1891—1959), escribiendo bajo el seudónimo de Luis G. Nuila (Revista "Tegucigalpa" Núm. 47, 50 y 56 — 1918), describía con el título: "Hazañas de un Inquisidor", un acontecimiento divertido y singular, ocurrido alrededor del año 1880. Comentaba Valle, que el presidente Marco Aurelio Soto encargó a un pedagogo español la dirección del Colegio Nacional de Honduras, único centro de enseñanza superior que operaba anexo al templo de La Merced, en el centro de Tegucigalpa. Además, se becaron veinte jóvenes procedentes de varias partes del país, para que recibieran la enseñanza, quienes fueron alojados en las instalaciones del mencionado centro. Sin embargo, continúa narrando, sucedió que una noche el portero del Colegio dejó entrar a una no muy agraciada dama, con intenciones no muy claras, cuya presencia fue advertida por el director. Y, según Valle, actuando como inquisidor, al propio estilo de Fray Tomás de Torquemada, procedió a recluir a los jóvenes educandos y acudió a la policía para capturar a la misteriosa dama.

Dicho Director comenzó sin demora el proceso para juzgar a los responsables, que se realizó en las propias instalaciones del Colegio, instalando una audiencia pública. Al acto fueron invitados los honorables y elegantes vecinos de la ciudad, quienes fueron testigos del cónclave en que se juzgaba la conducta reprochable de aquellos veinte jóvenes, supuestamente responsables de cometer el repugnante delito. El Director y las autoridades del Colegio se convirtieron en Tribunal por el que desfilaron, además de los incrédulos jóvenes estudiantes, la misteriosa dama. Durante la noche el portero desapareció sin dejar huella. En el transcurso del juicio se dió lectura a un expediente de alrededor de 300 páginas.

El aburrido acto motivó a que los presentes fueron abandonando uno a uno el salón. El veredicto del señor inquisidor era expulsar a los estudiantes. Sin embargo, para ello se requería la ratificación del Presidente Soto, quien se encontraba soségandose del caluroso verano en su casa de habitación, en el vecindario de Valle de Ángeles. Al llegar el Director del Centro, que viajó en un brioso corcel, lo recibió El Presidente acompañado del Ministro Rosa, no salían de su asombro al ir conociendo el contenido del voluminoso expediente. Para asombro del inquisidor, el Presidente le ordenó no tomar ninguna acción, que tuviera más cuidado en convocar a la sociedad de Tegucigalpa, y, que respetase a los jóvenes que le habían encomendado su educación.

Sin lugar a duda, en nuestras experiencias de vida algunos nos hemos encontrado con personajes que, auxiliándose de superfluos reglamentos, manuales, etc., disfrutan asumir el role de inquisidores con colegas o empleados en la organización; sin embargo, al igual que Fray Tomás, son sumisos obedientes servidores de la Reina o del jefe. Seguro ustedes lectores/as coincidirán conmigo que, esas actitudes y esquemas inquisidores, en la mayoría de los casos, lo que promueven es la inefectividad y obstrucción de los procesos, penalizando la iniciativa y voluntad de trabajo de las personas. En el evento extremo de Fray Tomás de Torquemada se castigó con la pena de muerte a miles de personas inocentes.

21. DON CÉLEO ARIAS, "MIS IDEAS": LECCIONES DE POLÍTICA

Don Céleo Arias (1835—1890) nació en Goascorán, Valle, en el hogar de Juan Ángel Arias y Juana López. Después de fallecer su padre a la temprana edad de 12 años, se trasladó a Comayagüela, en donde comenzó a trabajar y estudiar latín, concluyendo sus estudios en la ciudad de Comayagua. Posteriormente, en 1858, completó la carrera de abogado en Tegucigalpa. Don Céleo Arias fue un hombre de pensamiento y de ideas claras en política. En 1862, con apenas 27 años, junto a Alvarado Contreras, dirigió un periódico en Comayagua, encargado de difundir nuevas ideas y la doctrina liberal. Tuvo una distinguida carrera política que lo llevó hasta la Presidencia de Honduras al derrocar, con el apoyo del Gobierno de El Salvador, a su exjefe, José María Medina, el 12 de mayo de 1872. Sin embargo, las fuerzas de Ponciano Leiva, con el apoyo de Guatemala y El Salvador, depusieron el gobierno de Arias el 13 de enero de 1874.

Después de emigrar a Guatemala, Arias retornó a Honduras, durante la administración de Marco A. Soto, y participó activamente en la Asamblea que redactó la Constitución de 1880. Como miembro del movimiento liberal, se enfrentó en dos ocasiones, sin éxito, en las elecciones generales de 1883 y 1887, al general Luis Bográn, presidente de Honduras, período 30 de noviembre de 1883 — 30 de noviembre de 1891.

Como candidato a presidente para las elecciones de 1887, desarrolló una síntesis de sus ideales políticos y administrativos, la cual publicó el 23 de julio de 1887, en la ciudad de Comayagua. Arias tituló a este compendio con el nombre de "Mis Ideas", en el cual planteaba su respuesta a los principales problemas y retos que enfrentaba el país en esos años. "Mis Ideas" fue una pieza importante para el programa ideológico del Partido Liberal fundado cn 1891 por don Policarpo Bonilla, un año después del fallecimiento de su amigo Arias. El pensamiento político de Arias fue inspirador también de la Constitución de 1894.

Invito a los lectores/as que no conocen el contenido del pensamiento de don Céleo Arias a que lo lean, particularmente a los aspirantes a cargos de elección popular. Encontrarán que muchos de los temas sugeridos en su ideario, a finales de los años 1800, tienen plena vigencia el día de hoy, después de 134 años. A continuación me permito describir las principales áreas del ya condensado manual.

Comienza don Céleo resaltando su ideal de ver a una Centroamérica unida y de luchar con sus colegas de las otras naciones por restablecer la patria centroamericana. En segundo lugar, resume la convicción filosófica de las ideas liberales que profesaba en torno a los derechos de los ciudadanos (seguridad individual, libertad de expresión, libre asociación, entre otros). En materia del Estado, destaca los principios de una República democrática, define la igualdad civil y política, el derecho al sufragio y la independencia de los municipios. Favorece la alternabilidad en el ejercicio del poder en las diferentes ramas del Estado, debiendo prohibirse la reelección de presidentes, diputados y magistrados. Para Arias era importante la independencia de los poderes Ejecutivo, Legislativo y Judicial.

En el documento, la paz interior se alcanza si existe armonía entre el pueblo y el Gobierno, si este último utiliza políticas sensatas con justicia, respeto y garantías para los habitantes. Con respecto a la política exterior, esta debe emanar del seguimiento estricto al derecho internacional y a la autodeterminación de las naciones hermanas. A lo interno, resalta la idea de un respeto completo a la Constitución y las leyes, señalando las particularidades sobre la responsabilidad de los empleados, nombramiento de diputados, presidente y magistrados de la Corte Suprema de Justicia y de los tribunales menores. La transparencia en las elecciones populares, evitando y castigando las prácticas que influyan directa o indirectamente en los resultados de las mismas.

El pensamiento de Arias favorece una educación primaria, secundaria y universitaria para estudiantes de ambos sexos; al igual que la educación vocacional y técnica para los sectores agrícola e industrial. En materia de administración plantea prudencia en el uso del crédito interno y externo, protegiendo el equilibrio del presupuesto de gastos con el de ingresos. Practicar el manejo de los caudales públicos con absoluta transparencia y apego a las leyes.

Asimismo, en materia de infraestructura, apoya continuar la construcción del ferrocarril interoceánico y la construcción de ramales, al igual que la construcción de carreteras y caminos. Plantea reformas a las leyes militares, incluyendo la reducción de guarniciones y plazas en tiempos de paz, en consonancia con el objetivo de guardar el orden.

Finalmente, sugiere financiar con recursos públicos un diario de la oposición legal, "que ilustre, discuta y objete las providencias, los actos y las extralimitaciones de los Poderes públicos". Para realizar la difícil, delicada y colosal empresa de la Presidencia de Honduras, Arias ofrece a sus conciudadanos las pruebas de su honradez, perseverancia, firmeza, desprendimiento y patriotismo, y promete rodearse de ciudadanos honrosos, de luces y voluntad firme en la senda del bien.

22. EL AUGE FINANCIERO DE LONDRES EN EL SIGLO XIX

Es sabido que el Reino Unido mantuvo interés en los movimientos independentistas en América Latina, que se iniciaron en 1810. Esta posición se reflejaba desde una neutralidad cómplice, hasta la ayuda y respaldo a los movimientos insurgentes. En esos años, el Reino Unido era el único Estado en el mundo con sumas considerables de superávit de capital. Además, en el centro financiero de Londres (La City) ya circulaba una multitud de corredores de bolsa, banqueros y promotores que buscaban aumentar sus ingresos. Asimismo, las tasas de interés asociadas al financiamiento de proyectos de los jóvenes, inestables e inexpertos gobiernos latinoamericanos resultaban atractivas. A continuación, algunas reflexiones sobre la relación de los países de nuestra región con el mercado financiero londinense durante los primeros años del siglo XIX.

Ya en la década de 1820, muchos países de Latinoamérica acudieron al mercado financiero en Europa para financiar las necesidades de estabilización, incluyendo sus nuevas burocracias posindependencia. Sin embargo, los persistentes conflictos internos evitaron una consolidación económica, y provocaron para inicios de los 1830, la primera crisis de insolvencia financiera por el incumplimiento de los pagos de muchos préstamos contraídos por las jóvenes naciones (particularmente Bolivia, Colombia, Chile, Perú, Argentina, Brasil y México).

En agosto de 1825, a nueve meses de haberse constituido la República Federal de Centroamérica, las autoridades emitieron en Londres bonos soberanos por un monto original de £1,5 millones (libras esterlinas). No obstante, en marzo de 1828, los bonos en circulación, oficialmente reconocidos, totalizaron únicamente £163,000. Al disolverse la Federación, y después de varios años sin entendimiento con los acreedores, Frederick Chatfield, Cónsul Británico en Centroamérica, llegó a un acuerdo con los países. El monto de la deuda (£163,000,) se distribuyó de la manera siguiente: dos doceavos (£27.200) para cada uno, El Salvador, Honduras y Nicaragua, cinco doceavos para Guatemala (£67.900) y un doceavo para Costa Rica (£13.500). Hasta 1867, Honduras tenía su crédito en mora y no había ningún arreglo de pago con los tenedores de bonos. Así, por concepto de intereses acumulados se adeudaba £62,800, para un gran total de £90,000 (capital original e interés).

En el caso particular de Honduras, no debemos olvidar el escándalo financiero en 1822 del célebre Príncipe de Poyais, Gregor MacGregor, quien se agenció un préstamo por £200,000, mediante un esquema financiero corrupto que promovió, en los mercados de Londres y París, las riquezas de los valles fértiles y soleados de su reino de Poyais en la Mosquitia hondureña. Para el pago de los bonos, el astuto vendedor ofreció a los compradores imponer un impuesto de 2.5% a las importaciones de Poyais. Además, los bonos se declararon canjeables por tierra en el dicho "edén tropical".

Para fines de los 1860's, después de varias décadas de ausencia en los mercados financieros, los países de Latinoamérica regresaron a Europa en busca de recursos. Muchos de ellos ya habían superado los conflictos internos, además el aumento de su producción primaria promovió el crecimiento de las exportaciones, a raíz de la nueva tecnología en el sector transporte —barcos a vapor y ferrocarril— que facilitó la interconexión de regiones aisladas a los puertos nacionales y al mercado mundial. Esto reabrió las puertas a los países emergentes que procuraban préstamos para promover el desarrollo de sus exportaciones.

A inicios de los 1870's el aumento del comercio mundial, generó un alto superávit de capital en Europa. En Inglaterra la tasa de ahorro alcanzó niveles promedio de 9%, mientras que los préstamos se mantenían en porcentajes sustancialmente inferiores. Además, nuevos desarrollos en el mercado financiero abarataron el costo financiero. El auge en la comunicación y el transporte facilitó la información sobre las instituciones financieras. En la medida en que éstas aumentaron, su reputación los requerimientos de reservas de capital se fueron reduciendo, contribuyendo a disminuir el costo del crédito.

Además, la saturación del financiamiento a empresas asociadas con el desarrollo ferroviario que alcanzó su punto máximo en 1866, redujo la rentabilidad de este financiamiento y motivó a los inversionistas ingleses a aumentar sus preferencias por los bonos soberanos en busca de mayores rendimientos a su inversión.

Finalmente, nuevas regulaciones financieras introducidas por el Parlamento del Reino Unido (Joint Stock Act de 1854 y Limited Liability Act de 1855) no sólo protegió y estimuló la formación de nuevas empresas en el mercado de valores, sino que transformó el mercado financiero con la creación y el crecimiento de nuevos bancos, más allá de las populares casas bancarias. Así, la mayor competencia redujo el costo financiero y aumentó la oferta de crédito soberano a otras naciones.

Las reflexiones anteriores emanadas de la literatura especializada sobre la conexión de América Latina con el mercado financiero europeo en el siglo XIX, particularmente el londinense, ayudan a entender el contexto del ampliamente investigado escándalo de la contratación de los tres préstamos soberanos de Honduras en 1867, 1869 y 1870 para financiar la construcción del ferrocarril interoceánico que conectaría Puerto Cortés con el Golfo de Fonseca.

23. DESENFRENOS HISTÓRICOS CON LOS PRÉSTAMOS DEL FERROCARRIL INTEROCEÁNICO

En la segunda mitad del siglo XIX, Honduras soñó en grande: construir un ferrocarril interoceánico que uniera Puerto Cortés, en el Atlántico, con la Bahía de Fonseca, en el Pacífico, con la promesa de convertir al país en ruta estratégica del comercio mundial. La ubicación geográfica parecía ofrecer una oportunidad histórica en una era en la que las rutas marítimas definían el poder económico de las naciones.

Para financiar la obra, el Estado contrató tres préstamos en Europa: dos en Londres y uno en París. El primero, el 6 de noviembre de 1867, por un millón de libras esterlinas; el segundo, en 1869, por £2,490,108; y el tercero, el 17 de junio de 1870, por £2,500,000. En total, Honduras comprometió £5,990,108, una cifra claramente desproporcionada respecto a su capacidad fiscal.

Sin embargo, el contrato de construcción firmado el 9 de noviembre de 1867 con la firma londinense McCandlish fijaba el costo total de las 230 millas del "camino de hierro" en £1,900,000. La brecha entre el costo estimado y la deuda asumida fue abismal y evidenciaba una estructura financiera desalineada del proyecto real, así como una débil capacidad de administración y negociación del Estado.

En 1872 se intentó emitir en París un cuarto empréstito por £2,000,000 adicionales. El episodio terminó en escándalo diplomático y arrestos, agravando el descrédito internacional del país. El caso quedó documentado en el Informe del Comité Selecto de la Cámara de los Comunes del Parlamento británico, publicado el 19 de abril de 1875. El Comité, creado para investigar préstamos extranjeros en mora —entre ellos los de Honduras— fue presidido por Robert Lowe, ex Ministro de Hacienda del Reino Unido y reconocido crítico del endeudamiento imprudente.

En el centro del conflicto estuvo el capitán Bedford Pim, oficial retirado de la marina británica vinculado a las gestiones financieras hondureñas. Pim viajó a París para negociar con los banqueros Dreyfus Scheyer & Co. la emisión del nuevo préstamo, alegando autorización del ministro hondureño en Londres, Carlos Gutiérrez.

El ministro hondureño en París, Víctor Herrán, informó que no existían instrucciones oficiales. Pim fue arrestado por orden del Ministerio de Justicia francés y detenido durante 46 horas. Posteriormente, ante el Comité en Londres, acusó a Herrán y a su yerno, Peletier —cónsul general de Honduras— de exigir pagos para autorizar la emisión. Herrán negó las acusaciones y sostuvo que las garantías ofrecidas ya estaban comprometidas en préstamos anteriores.

Más allá de las responsabilidades individuales, el episodio revela improvisación, pugnas personales y opacidad en el manejo de los recursos públicos. Mientras la deuda crecía en los mercados europeos, el ferrocarril avanzaba lentamente sobre el suelo hondureño. Ese desequilibrio —deuda creciente y obra inconclusa— constituye la advertencia histórica que conviene recordar.

UNA LECCIÓN PARA EL PRESENTE

Como ocurre con frecuencia en los ciclos políticos nacionales, reaparece el proyecto ferroviario interoceánico. No se trata de una ocurrencia reciente. La dimensión estratégica de un paso entre ambos océanos comenzó a perfilarse desde que Vasco Núñez de Balboa avistó el Mar del Sur en 1513, revelando al mundo europeo la estrechez del istmo centroamericano. Desde entonces, la idea de un tránsito interoceánico forma parte del horizonte geoeconómico regional.

Honduras ha estado en ese mapa por generaciones, desde la época colonial y con mayor fuerza en el siglo XIX. No es un proyecto "nuevo", ni patrimonio de persona o grupo político alguno. Es una aspiración histórica que se presenta periódicamente, casi siempre acompañada de grandes expectativas y promesas de transformación estructural.

El país tiene derecho a entusiasmarse, pero también el deber de exigir claridad. No basta con presentaciones, de novatos o "expertos", que mueven trenes sobre un mapa, imaginan centros logísticos para miles de trabajadores o proyectan mega—puertos capaces de movilizar volúmenes extraordinarios de carga. Tampoco se trata de rechazar la ambición de unir dos océanos, sino de asegurar que la obra esté estructurada con visión de largo plazo —más allá de los ciclos políticos—, financiada con criterios de sostenibilidad y supervisada con rigor técnico e institucional.

La aspiración hondureña no fue una extravagancia aislada. El Ferrocarril de Panamá (1855) demostró la viabilidad de la conexión interoceánica; el Canal de Panamá (1914) la consolidó globalmente; y recientemente el Tren Maya (2023) confirma que las grandes obras siguen siendo instrumentos estratégicos. Pero todas funcionan únicamente cuando descansan sobre ingeniería sólida, finanzas claras y demanda efectiva.

Sin duda, la profundidad natural de ambas bahías en las costas hondureñas y la localización geográfica constituyen un activo espacial relevante. Pero los activos naturales, por sí solos, no garantizan viabilidad económica. La cuestión sustantiva no es quién impulsa el proyecto, sino qué valor adicional aportaría al comercio mundial, cómo se integraría a las cadenas logísticas existentes y cuál sería su costo de oportunidad para una economía con recursos fiscales limitados y múltiples prioridades sociales.

El futuro del país no se construye con promesas ni con anuncios espectaculares. Se construye con planificación responsable, disciplina financiera, evaluación transparente de costo—beneficio y rendición efectiva de cuentas. Soñar en grande es legítimo; comprometer el porvenir de las nuevas generaciones sin bases sólidas ni responsabilidad institucional, no lo es.

Luego de recorrer episodios y lecciones del pasado, nos adentramos ahora en el presente político e institucional, donde las decisiones y estructuras de gobierno continúan impactando el rumbo económico y social de Honduras.

III. MENSAJES POLÍTICOS E INSTITUCIONALES

24. EUDAIMONIA, CIUDADANOS FELICES: FÓRMULA PARA UN BUEN GOBIERNO

Aristóteles (384 a. C.—322 a. C), el gran filoso griego, afirmaba que el propósito final de la vida era la felicidad y la felicidad es lo que la humanidad busca. El filósofo se preguntaba el significado de felicidad y concluía con un concepto más amplio que en Griego se define como Eudaimonia (Eu: bueno y Daimon: alma o yo). La búsqueda de una buena vida y un éxito moral y espiritual como resultado de una vida virtuosa. Economistas y científicos de otras disciplinas han estado discutiendo sobre como medir el desarrollo económico de los países.

En principio, el Producto Interno Bruto (PIB) per cápita es un indicador útil pero no es suficiente, aunque es el más utilizado. Desde 1990 las Naciones Unidas creó el Índice de Desarrollo Humano (IDH), afirmando que el desarrollo de un país no es únicamente el reflejo del crecimiento económico, sino también de otros criterios que enfatizan a las personas y sus capacidades: El GDP per cápita, educación y salud.

A partir del año 2012 la Red de Soluciones de Desarrollo Sostenible de la ONU comenzó a publicar el Informe Mundial de la Felicidad (World Happiness Report). Este Informe es elaborado bajo la dirección de tres grandes líderes en el estudio del tema de la felicidad: John Helliwell, Richard Layard and Jeffrey Sachs. El quinto Informe (2017) se publicó el 20 de marzo, coincidiendo con el Día Internacional de la Felicidad. Como lo señala el informe, continuamente la felicidad se considera como una medida adecuada de progreso social y como el objetivo de políticas públicas. En 2013, la Organización para la Cooperación y el Desarrollo Económico (OCDE) publicó el documento: Guidelines on Measuring Subjective Well—being el cual puede considerarse como las directrices internacionales para la medición del bienestar subjetivo. Tal y como se subraya en las Guías, el bienestar subjetivo de la población constituye una parte esencial de la medición de la calidad de vida, junto a otros factores sociales y económicos.

El Informe Mundial de la Felicidad se elabora a partir de una ponderación de indicadores entre ellos el PIB per cápita. La esperanza de vida. La calidad del apoyo social, las personas que sienten tener a alguien en quien pueden confiar son más felices que aquellos que se sienten aisladas. El sentido de libertad para tomar decisiones importantes en la vida. La benevolencia o generosidad, las personas más generosas tienden a ser más felices. Finalmente, el estado de derecho, transparencia y la honestidad del gobierno son importantes, si los ciudadanos perciben que las autoridades son corruptas las personas se sienten menos felices.

Entre los hallazgos del Informe Mundial de la Felicidad de 2017, Noruega lidera la lista de los países más felices del mundo (posición 1). Estados Unidos ocupa la catorceava posición. En Latinoamérica, Costa Rica tiene mucho que celebrar, es el país más feliz ocupando el undécimo puesto de la clasificación mundial. Seguidamente, a más de diez puestos se ubica Chile (20), Brasil (22), Argentina (24) y México (25). En el puesto 28 figura Uruguay, le sigue Guatemala (29) y Panamá (30). En la parte media—baja de la tabla se encuentran Colombia (36), Nicaragua (43), Ecuador (44), El Salvador (45), Bolivia (58), Perú (63) y Paraguay (70). Mientras tanto, en la cola de la clasificación, se sitúan Venezuela (82), República Dominicana (86) y Honduras (91).

Además, el Informe evalúa los cambios registrados entre los años 2005—2007 y 2014—2016 para 126 países. Durante este periodo los indicadores de felicidad de Honduras retrocedieron y Nicaragua es el estado que más avanzó desde 2005. El resto de los países de Latinoamérica y el Caribe consiguió subir sus índices de felicidad (contrastando con la caída pronunciada de estos indicadores en Venezuela).

Es tiempo de tomar conciencia que los hondureños no merecemos ser los ciudadanos latinoamericanos más infelices. Hay que ir más allá del puro crecimiento económico; proveyendo servicios públicos básicos de calidad (principalmente educación y salud); fortaleciendo el respeto a las leyes y combatiendo la corrupción. Estos son elementos importantes para el éxito de un gobierno y de una sociedad.

Por lo tanto, como recomendaría Aristóteles impulsar la Eudaimonia creando bases sociales sólidas, debería ser el principal objetivo de la Agenda o Plan de trabajo de las autoridades hondureñas y de las propuestas de los candidatos que aspiran a la Presidencia del país.

25. DIÁLOGO, INSTITUCIONES Y CRECIMIENTO ECONÓMICO

En un ambiente político de polarización es casi imposible para los administradores y políticos de turno pensar en el largo plazo. Sin embargo, buena parte del desempeño actual de la economía del país tiene raíces en políticas adoptadas por gobiernos anteriores: reducción de la deuda externa, desregulación y liberalización del comercio, fortalecimiento del mercado financiero y otras.

Dejando de lado el sesgo político, preguntémonos ¿cuál será el efecto en la economía de las políticas del Presidente Juan Orlando Hernández dentro diez años?

Sin duda, destacaría en el lado positivo, reforzar la seguridad nacional, mantener y promover la apertura y facilitación del comercio, y mejorar la administración y recaudación fiscal, primordialmente.

En el otro lado del balance, en un país donde el 64% de los hogares vive en condiciones de pobreza y con indicadores alarmantes de desigualdad, la calidad del gasto público creciente está lejos de adecuarse al objetivo exigente de mejorar sostenidamente las condiciones penosas de estos compatriotas menos favorecidos. Adicionalmente, el financiamiento del gasto se origina substancialmente en los recursos del exterior (entre los años 2014 y 2017, el saldo de la deuda pública externa pasó de US$5,563.9 a US$7,145.3 millones). Aunque las instituciones multilaterales siguen siendo los mayores acreedores, la participación de la deuda comercial ya representa el 27% y el cociente Deuda/Producto Interno Bruto supera el 30 por ciento. De continuar esta tendencia se entraría en los próximos años a la categoría de país altamente endeudado.

En los principales centros de pensamiento, muchos economistas han retomado el interés en estudiar el origen de la prosperidad de los países. Los resultados de las investigaciones han reforzado el concepto que el fortalecimiento de la democracia y la cultura política, y la construcción de un marco institucional propicio para competir en el mundo globalizado son condiciones necesarias para un crecimiento económico sostenido. La cuestionada reelección presidencial, la opacidad del proceso electoral y la concentración de poder son hechos contrarios a un fortalecimiento democrático. El cruzarse de brazos implica que recobrar la confianza en la democracia y la cultura política tomaría muchos años en Honduras.

El reciente gran diálogo político, establecido con la participación de los diferentes actores de la sociedad y el apoyo de las Naciones Unidas, representa una oportunidad para diseñar y adoptar medidas que fortalecerán la democracia y las instituciones del país. La voluntad para participar en las mesas de estas consultas y patrocinar sus acuerdos, puede significar para el actual gobierno no sólo revertir los daños potenciales a la economía en el largo plazo, sino aportar un legado con un saldo positivo en el desempeño económico de Honduras en los próximos años.

26. VOLVER A LA NORMALIDAD

El título de este comentario comprende algunos temas a los que me referiré pensando en la nueva normalidad post pandemia. Por supuesto, la lista no pretende ser exhaustiva.

Estado de Derecho. Este es, a mi juicio, uno de los principales retos que enfrenta nuestro país. Considerando el deterioro institucional y la polarización de la sociedad hondureña, retomar el imperio de la ley demandará mucho esfuerzo y concertación entre los principales actores políticos, sociales y económicos. Elecciones libres y transparentes es el primer paso en la dirección correcta.

Inversión de inmediato en seguridad y alivio de la pobreza. Otro reto que el país debe de enfrentar con premura, considerando el atraso que se venía arrastrando y su postergación, por la urgencia de atender la pandemia. Se deben atender las necesidades postergadas en educación, salud, infraestructura para garantizar servicios básicos universales y de calidad de agua, saneamiento, electricidad y transporte, cuidando del medio ambiente. Se requiere diseñar políticas sectoriales coherentes con una estrategia de reducción de pobreza y mejora de la calidad de vida de toda la población hondureña, incluyendo grupos vulnerables e históricamente excluidos.

Lucha contra la corrupción. Un tema que requiere tomar acciones con impactos inmediatos, particularmente aquellos relacionados con la aplicación de la ley y reformas en la educación para fortalecer en los niños y jóvenes los valores y la moralidad de ciudadanos íntegros. Además, urgen reformas en la Ley de Servicio Civil para adecentar la función de las instituciones públicas y buscar atributos de excelencia, profesionalismo y estabilidad laboral, eliminando la práctica del clientelismo partidista.

Recuperar y promover a la pequeña y mediana empresa. Mediante una política económica en acorde a sus necesidades apremiantes, considerando su importancia en la actividad económica y en generación de empleo. Debe evitarse llevar al país a niveles insostenibles de endeudamiento público. Esto requerirá de mucho liderazgo y amplia concertación, para conseguir el sacrificio y confianza del sector privado y generar inversión, tanto nacional como extranjera, en un marco de estabilidad macroeconómica.

Nuestro próximo presidente/a debería de seleccionarse no en función de un color o bandera política/partidista, sino considerando el planteamiento coherente con la atención de estos temas. Además, el gabinete de gobierno deberán integrarlo hombres y mujeres capaces, íntegros y con la solvencia para liderar los cambios que el país requiere. Caso contrario, los años ya perdidos y la falta de toma de decisiones condenarán al país al atraso perpetuo y motivarán, como ha sido el caso hasta ahora, a las futuras generaciones a buscar opciones de vida fuera de su patria.

27. EL DÍA DESPUÉS

Recientemente conversábamos con un amigo sobre los grandes retos que asumirá el presidente de Honduras en el 2022. Los candidatos al cargo de presidente de la nación, que participarán en las próximas elecciones de noviembre, deberían tomar conciencia de la gravedad de la situación de Honduras. Para retomar el crecimiento económico y mejorar las condiciones de vida de la población, me atrevo a sugerir, cuales, a mi juicio, son algunos de los principales retos, agrupados en cinco grandes temas, que podrían estar reflejados en la agenda del próximo gobierno.

Restituir el estado de derecho, lo cual comprende: I) Reestablecer el balance e independencia de los poderes, particularmente para proteger la independencia del poder judicial; II) Definir el tema de la reelección presidencial; III) Cómo proceder con el polémico proyecto de las Zonas de Empleo y Desarrollo Económico (ZEDES); y iv) Revisar los temas relacionados con la administración pública: redundancias e incompatibilidades entre ministerios, la Ley de Servicio Civil, Ley Marco del Sub—sector Eléctrico y hacer cumplir los requisitos para nombrar funcionarios públicos.

Lucha contra la corrupción. Reforzar los mecanismos de cooperación con la sociedad civil y el sector privado en la lucha contra la corrupción. Trabajar en forjar una cultura de integridad y transparencia sobre todo en los jóvenes y niños.

Alivio de la pobreza. Además de los exigentes gastos en materia de seguridad, se deben atender las necesidades en más y mejor inversión en infraestructura para garantizar servicios básicos universales y de calidad de agua, saneamiento, electricidad y transporte, cuidando del medio ambiente y haciendo frente al cambio climático. Se requiere diseñar políticas sectoriales coherentes con una estrategia de reducción de pobreza y mejora de la calidad de vida de toda la población hondureña, incluyendo grupos vulnerables e históricamente excluidos. También es importante atender los gastos en salud y educación.

Mantener la estabilidad macroeconómica. Atender los gastos en seguridad y alivio de la pobreza requerirá de mucho esfuerzo fiscal. En esta materia ya se observan altos niveles de endeudamiento y de servicio de deuda interna y externa. El déficit de la ENEE requiere una atención prioritaria.

Recuperar y promover a la pequeña y mediana empresa. Mediante una política económica acorde a las necesidades apremiantes, considerando su importancia en la actividad económica y en generación de empleo.

Considerando las difíciles condiciones postpandemia, los daños ocasionados por los desastres naturales, el deterioro institucional y la polarización de la sociedad hondureña, definir una agenda para atender los temas anteriormente enumerados demandará mucho liderazgo, esfuerzo y concertación entre los principales actores políticos, sociales y económicos.

Este proceso sumamente complicado y costoso debe de iniciarse de inmediato, liderado por técnicos hondureños y con la asistencia de agencias bilaterales y multilaterales, los estudios específicos deberán incluir medidas puntuales, incluyendo borradores de decretos, cuando se requieran. Así, se podrá comenzar con acciones concretas el día después de la celebración del 27 de enero de 2022. Caso contrario, se corre el riesgo que las nuevas autoridades asuman el poder improvisando y desaprovechando tiempo valioso que Honduras ya no puede darse el lujo de perder.

28. SARAMAGO EN EL TRÓPICO HONDUREÑO

José Saramago (1922—2010), fue un escritor portugués, Premio Nobel de Literatura en 1998. En su libro Las intermitencias de la muerte, con su genial imaginación e ironía, nos lleva a un país en el cual las personas dejan de morir, lo cual en poco tiempo pasa de la euforia a la desesperación. La vejez eterna en los humanos convierte a los ancianos en estorbos irremovibles. Con la ausencia de la muerte, florece el negocio de los servicios que ofrece una mafia a las familias que deseen llevar a la frontera de cualquiera de los tres países vecinos, a los ancianos o moribundos para que puedan morir y ser enterrados en el territorio de esos países, o transportados ya muertos a su país de origen. Como es de esperar, en torno al floreciente negocio se corrompen las conciencias de la burocracia política y militar que se confabula con la mafia con acuerdos explícitos o tácitos.

La parte de este libro que inevitablemente asocio con este dilema es el problema de la emigración de miles de compatriotas y de otras nacionalidades, hacia los Estados Unidos. Contrario a la narración del libro, la muerte y desesperación presente en nuestro país, mucho antes de la pandemia del COVID-19, impulsa a miles de personas a emigrar, buscando mejores opciones de vida para ellos y sus familiares. En el ingenio del libro, eran los ancianos y enfermos terminales los que fueron llevados a morir, al poner un pie en el otro país; en cambio, irónicamente, en nuestra realidad, son adultos sanos, jóvenes y niños los que están huyendo. Como resultado, también en estas latitudes surge el negocio de mafias que favorece el tráfico de personas, drogas y armas.

Cada día hay noticias alarmantes sobre menores no acompañados, que en su gran mayoría tienen padres o parientes cercanos que viven en Estados Unidos. Llena de tristeza saber que los padres o familiares toman esta decisión tan difícil de pagar "coyotes" para que trasladen a sus hijos menores hasta la frontera, para que se entreguen a las autoridades de migración, o en casos extremos, son arrojados al río

Bravo para que sean rescatados por los miembros de la patrulla fronteriza. Los menores que cruzan la frontera, una vez cumplidos diversos procesos, son entregados por las autoridades a sus padres, parientes o patrocinadores en Estados Unidos. Eso significa que tienen la oportunidad de presentar una solicitud de asilo, la cual no necesariamente es aprobada.

Las autoridades hondureñas deben tomar conciencia de la gravedad del problema de la emigración y buscar opciones para atacar las causas que motivan a los miles de compatriotas a arriesgarse a morir, desintegrar la familia o sufrir las consecuencias de una aventura llena de incertidumbre y problemas, no solo para ellos sino para sus hijos menores. Sin duda, hay que enfrentar los altos niveles de pobreza, la falta de empleo digno y la violencia extrema atribuible a las pandillas y al crimen organizado. Para nuestro país, la relación costo-beneficio de la emigración de jóvenes y niños es alta, sobre todo si se considera el cumplimiento de los derechos humanos, y no debe asociarse únicamente con los flujos crecientes de las remesas familiares, que de forma optimista anuncian las autoridades del Banco Central.

Para los líderes que resulten electos en las elecciones generales del próximo mes de noviembre, el reto es grande y deberán actuar con premura. Con limitados recursos y poca capacidad de endeudamiento, la magnitud de los problemas del país nos indica que tomará más de un ciclo electoral crear las condiciones para que los hondureños no se vean obligados a emigrar, y que ese recurso humano sea atesorado como la principal riqueza del país.

29. ¿CÓMO CONSTRUIR LA CARRETERA HACIA EL ESTADO DE DERECHO?

Bajo cualquier definición de estado de derecho, la ley es el instrumento idóneo para guiar la conducta de los ciudadanos; implícitamente el conjunto de leyes que forman el Estado de derecho deberá ser transparente, predecible y universal. Así, el estado de derecho facilita la convivencia entre las personas, previniendo y solucionando efectiva, eficiente y pacíficamente conflictos potenciales. Por lo tanto, para cualquier país, el estado de derecho es un requisito para el desarrollo sostenible.

Una de las funciones de la Organización de las Naciones Unidas para la Educación, la Ciencia y la Cultura (UNESCO, por sus siglas en inglés), es otorgar el título de Patrimonio de la Humanidad a sitios específicos de nuestro planeta de importancia cultural, natural o mixta, para la herencia común de la humanidad. Honduras, como Estado Miembro de la UNESCO, tiene inscritos dos sitios: Sitio Maya de Copán (1980, cultural) y Reserva de la Biosfera del Rio Plátano (1982, natural) —— desde 2011, este último en la lista de sitios en peligro.

Es ampliamente reconocido que las principales amenazas para la Biosfera provienen del corte ilegal de madera, expansión de la frontera agrícola, y narcotráfico. Por su parte, los altos niveles de pobreza de las comunidades étnicas asentadas en la Reserva, unido a los retos de su aislamiento, requiere encontrar un balance entre desarrollo y conservación de la Biosfera, respetando el estado de derecho.

Recientemente, ha recibido una amplia cobertura en los medios nacionales la construcción de una carretera que comunicaría Dulce Nombre de Culmí (Departamento de Olancho) con las comunidades de Wampusirpi y Krausirpi (Departamento de Gracias a Dios). La carretera podría representar una amenaza para la flora y fauna de la mencionada Biosfera. Lo peculiar de este hecho, es el contexto en que el proyecto se estaba desarrollando, según la última información, el proyecto ha sido detenido por instrucción del Instituto de Conservación Forestal: 1. Supuestamente, entre las comunidades asentadas en la Biosfera, algunas organizaciones se oponen a la construcción, obviamente otras están a favor del proyecto. 2. Las autoridades nacionales relacionadas argumentan que no han autorizado el proyecto, el cual obviamente requiere de permisos especiales; y 3. No existe claridad en quienes son los actores directamente responsables, incluso se menciona que dicha carretera podría utilizarse para fines no lícitos.

Construir una carretera, requiere elaborar estudios y presentarlos a las autoridades competentes, incluyendo análisis técnicos y de impacto ambiental. El alto costo y las actividades propias como la movilización de maquinaria vuelven visibles a las personas u organizaciones involucradas en el proyecto. La problemática alrededor de la mencionada carretera revela la falta de institucionalidad para hacer efectivas las leyes que regulan la conservación de la Reserva, y en general la protección de los recursos naturales en el país. Asimismo, la limitada efectividad, incluyendo ausencia o poca presencia en la zona, con que operan las autoridades encargadas de proteger los recursos naturales.

En ese sentido, las autoridades que se elijan el próximo mes de noviembre deberán procurar alcanzar el equilibrio entre la protección de los recursos y mejorar las condiciones de vida de las personas en zonas de reserva. Algunas acciones concretas incluyen: a) Fortalecer la institucionalidad y el marco regulatorio, b) Capacitar y asignar los recursos necesarios para el funcionamiento satisfactorio de las instituciones encargadas y c) Potenciar el turismo ecológico y otras actividades productivas que generen ingresos a los pobladores de la Biosfera. De nuevo, estas acciones deben de darse en el marco del cumplimiento del estado de derecho, para que pueda haber paz y desarrollo para todos. Algunos países como Costa Rica lo han logrado, no hay razón por la cual en Honduras no podamos hacerlo.

30. LA VISIÓN DEL HONDUREÑO AUTORREALIZADO

El Profesor Abraham Maslow (1908—1970) fue un psicólogo estadounidense que desarrolló la teoría de la jerarquía o pirámide de las necesidades para explicar la motivación humana. Maslow sugirió que las personas poseen un número de necesidades básicas que tienen que satisfacer para moverse hacia una categoría más alta de necesidades de naturaleza social, emocional y de autorrealización. Las contribuciones de Maslow resultan de mucha utilidad en la psicología y en otras disciplinas como economía, sociología y administración.

Para Maslow la base de la pirámide la constituyen las necesidades básicas o fisiológicas, aquellas que nacen con el individuo (alimentarse, eliminar, respirar, descansar, etc.) El siguiente nivel reúne las necesidades de seguridad, orden, estabilidad y protección. Estos dos primeros niveles son importantes para la sobrevivencia de las personas. Luego se asciende a un tercer nivel de aceptación social (afecto, amor, pertenencia, amistad, etc.) El cuarto nivel es la autoestima (confianza, éxito, respeto, etc.) Y en la cumbre de la pirámide se encuentra la autorrealización (moralidad, creatividad, espontaneidad, etc.)

Una de las críticas a las teorías de Maslow fue la falta de evidencia empírica que les sustentase. Cuarenta años después de su muerte, dos profesores de la Facultad de Psicología de la Universidad de Illinois (Louis Tay y Ed Diener) publicaron en 2011 un artículo que resumía la evidencia de una muestra de 123 países que examinó la asociación entre la satisfacción de necesidades y el bienestar subjetivo. Los autores encontraron principalmente que, en todas las latitudes, la satisfacción de necesidades básicas –independientemente del orden en que se alcanzan– estaba consistentemente asociada con el bienestar.

Adicionalmente, vivir en una sociedad floreciente –con necesidades básicas satisfechas– es importante para alcanzar el bienestar social más allá del bienestar individual al satisfacer las necesidades básicas. O sea, es beneficioso vivir en sociedades con individuos que tienen sus necesidades básicas satisfechas.

Dentro de la amplia gama de indicadores de desarrollo de los países, podemos hacer referencia al Índice de Desarrollo Humano (IDH), publicado por las Naciones Unidas por más de tres décadas. Dicho índice se utiliza para evaluar el progreso de los países a largo plazo en tres dimensiones básicas del desarrollo humano: una vida larga y saludable, el acceso al conocimiento y un nivel de vida digno. Para evaluar estas categorías se utilizan cuatro indicadores: la esperanza de vida al nacer, años esperados de escolaridad, años promedio de escolaridad e ingreso nacional bruto real.

El valor del IDH de Honduras en 2019 fue de 0.634, superior al 0.519 registrado en 1990. La esperanza de vida es de 75.3 años. Los años esperados de escolaridad 10.1, los años promedio de escolaridad 6.6 y el ingreso nacional bruto per cápita $5,308. Los bajos valores de estos indicadores determinan que, a pesar de la mejoría a lo largo de 30 años, el valor del IDH de Honduras sigue siendo inferior al de los países de Centroamérica y al promedio de los países de Latinoamérica y El Caribe (0.766). Adicionalmente, al tomar en cuenta el efecto del nivel de desigualdad en las categorías de desarrollo humano, el valor "ajustado" del IDH de Honduras cae a 0.472, lo cual representa una "pérdida" total de 25.6%.

Desdichadamente, del análisis anterior es fácil concluir que la gran mayoría de los hondureños viven en condiciones que no satisfacen sus necesidades básicas y ese nivel de insatisfacción obliga a muchos compatriotas a arriesgarse a emigrar a otros países, en busca de empleos y condiciones de vida dignos. Por ello, urge de políticas públicas que fomenten la creación de empleos y apoyen sectores importantes como educación, salud, seguridad, ambiente, agua y saneamiento. Nuestras autoridades tienen ese gran reto. De lo contrario, la mayoría de los hondureños continuarán asociándose con los peldaños inferiores de la pirámide de Maslow. Por lo cual, no encontrarán ni sentido de pertenencia ni mucho menos alcanzarán un nivel de autorrealización. Y como lo demostró el estudio de Tay y Diener, es manifiesto que ambas condiciones son requisitos para vivir en una sociedad próspera con un alto bienestar social.

31. LA CULTURA DEMOCRÁTICA

Sin pretender difundir, defender o imponer las posiciones ideológicas de pensadores liberales, leyendo el libro de Mario Vargas Llosa, La llamada de la tribu, resaltan algunos argumentos sobre la contribución de la doctrina liberal a la cultura democrática. A mi juicio algunos de estos aportes resultan importantes para entender y encontrar soluciones a los muchos problemas que enfrentamos en Honduras.

El libro, el cual Vargas Llosa lo define como una autobiografía intelectual, revisa las ideas de los principales pensadores liberales que motivaron al autor a desarrollar su ideología, después de su desencanto con la Revolución Cubana y con los autores que inspiraron sus ideales socialistas en sus años de joven. Las ideas de pensadores como Adam Smith, José Ortega y Gasset, Karl Popper, entre otros, le mostraron, según el autor, una escuela de pensamiento que pone al individuo antes que la tribu, nación, clase, raza o partido, defendiendo la libertad de expresión como un valor fundamental en el ejercicio de la democracia.

El "espíritu de la tribu", fuente del fanatismo, según Popper anida en el fondo más secreto de los civilizados, que no hemos superado la añoranza de aquel mundo tradicional –la tribu–. El espíritu tribal, se formó remotamente cuando el hombre era parte inseparable de la colectividad y cuando sus decisiones –protección, caza, etc.– estaban subordinadas a las del brujo o cacique. Por ende, se sentía feliz y liberado de responsabilidad, a pesar de estar sometido al igual que el animal en la manada.

En una sociedad genuinamente democrática, la libertad es el valor supremo y no es divisible y que además debe manifestarse en el ámbito económico, político, social y cultural. Asimismo, el liberalismo no es dogmático ni tampoco rígido, por lo que las ideas y los programas políticos exitosos deben adaptarse a una realidad compleja. El Estado tiene un papel sumamente importante en la libertad de expresión, el orden público, respeto a la ley, defensa, medio ambiente y la igualdad de oportunidades. Sin embargo, debe evitar empeñarse en hacer cosas que la sociedad civil puede hacerlas de manera más eficiente en un mercado de libre competencia.

Crear las condiciones para una verdadera igualdad de oportunidades debe ser una política fundamental en una democracia y no significa aplastar la iniciativa privada, sino más bien generar con la acción pública condiciones para que los más desposeídos puedan tener acceso a servicios esenciales de calidad. Por ejemplo, en el campo de la educación, el sistema educativo público debe ser de alta calidad y gratuito, sin desmedro de la enseñanza privada. Por consiguiente, la integración de un principio educativo sanamente rico en oportunidades vendría a garantizar un punto de partida común en cada generación. Vale notar que una enseñanza de calidad es sumamente costosa, en una época de grandes transformaciones tecnológicas y científicas. Por lo tanto, la sociedad civil y el Estado deben de asumir la responsabilidad de su financiamiento.

Sin lugar a duda, pienso que para la mayoría de los hondureños algunos principios de pensadores liberales representan un buen punto de partida para reflexionar sobre nuestra democracia y evitar la "llamada de la tribu".

Los retos actuales de nuestro país, económicos, políticos y medio ambientales, deben llevarnos a encontrar un rumbo de desarrollo de consensos para combatir los enfrentamientos, las desigualdades y la pobreza que hoy en día son urgentes. Liderar esta tarea recae principalmente en nuestras autoridades.

32. ENTRE MEMORIA Y FANTASÍA

El pasado 3 de diciembre de 2023, el New York Times publicó un artículo de opinión titulado: ¿Somos todos autoritarios ahora? (Are We All Authoritarians Now?, en Inglés). El artículo resume la conversación entre cuatro de sus columnistas sobre el resurgimiento de un liderazgo "fuerte" en algunos países (p.ej., tipo Trump o Milei). Algunas de las características sobresalientes de este tipo de liderazgo son: líderes electos que prometen romper algunas reglas, sacudir las instituciones democráticas y promueven un mensaje populista.

Se preguntan los columnistas si esto es una reacción en contra de las fallas de la democracia liberal o existe algo más detrás del atractivo de este tipo de líderes. No es mi intención resumir al lector los pormenores del artículo, pero sí reflexionar sobre algunos de los temas que a mi juicio me parecen relevantes.

Partiendo de la definición de democracia como un sistema que selecciona líderes a través de elecciones libres, competitivas y justas, liderazgo que es seleccionado por la mayoría de la población que será gobernada por esos líderes. Por su parte, el concepto de democracia liberal va más allá del proceso eleccionario, ya que se refiere a la protección de las libertades básicas: libertad de prensa, estado de derecho sólido, independencia judicial y una sociedad civil fuerte.

La democracia no siempre se basa en consensos sobre valores compartidos, ya que requiere un reconocimiento que ninguna de las partes puede alcanzar un dominio total. Una democracia no tiene que ser perfecta, virtuosa o no corrupta para ser una democracia. El problema de la democracia liberal es que se juzga por sus resultados y no por los procesos. Existe la tendencia humana de permanecer en el inframundo entre memoria y fantasía. No obstante, ninguna de ellas nos ayuda a manejar la problemática del presente.

Claro que añoramos los años de mayor crecimiento económico, vivir en armonía y con seguridad y que podemos tener la fantasía de levantarnos un día en un país sin pobreza. Pero es una aspiración legítima desear un mejor futuro para nuestros hijos y nietos. Sin embargo, debe reconocerse que el presente de Honduras tiene muchos retos importantes para nuestras autoridades: altas tasas de pobreza, polarización, inconformidad, etc. Para superar con éxito estos retos deben promoverse políticas que lleven a la economía a crecer con estabilidad social, con un sector privado que genere empleo formal que saque de la pobreza a la mayoría de nuestros compatriotas, facilitándoles un mejor futuro en nuestra patria. Lo anterior se logra fortaleciendo el estado de derecho, procurando armonía y facilitando consensos, etc.

El creciente mensaje perturbador de un discurso autoritario: "Nosotros –contra ellos–, "retórica en dónde "ellos" son los emigrantes, líderes políticos, empresarios, forma de gobierno, o gobiernos extranjeros. Ya sea que este tipo de mensaje provenga de un liderazgo de derecha o izquierda, debe llevarnos a la defensa de la democracia liberal, forma de gobierno que la mayoría hemos elegido para nuestro país.

33. FORTALECER LA DEMOCRACIA HONDUREÑA: LECCIONES DE LOS PROCESOS ELECTORALES

En una democracia, las elecciones no son únicamente un mecanismo para elegir autoridades; son, ante todo, una prueba de confianza: confianza en las instituciones, en las reglas del juego y en la convicción de que la voluntad popular es respetada. Elecciones pasadas y el reciente proceso electoral hondureño dejan lecciones importantes que merecen ser analizadas con serenidad, lejos de la confrontación partidaria y más cerca del interés común. No escribo como experto, sino como ciudadano convencido de que Honduras necesita una democracia más fuerte, más creíble y más cercana a su gente.

Considero que nuestros congresistas deben plantearse la necesidad de discutir y aprobar un nuevo marco legal electoral si realmente aspiramos a fortalecer nuestra vida democrática. En ese contexto, al menos cinco reflexiones deberían ser tomadas en cuenta.

1. LA CERTEZA ABSOLUTA DE QUE EL VOTO CUENTA

La primera consideración es la más básica y, al mismo tiempo, la más decisiva: la voluntad inquebrantable de los hondureños de acudir masivamente a las urnas, incluso esperando durante horas para ejercer el sufragio, merece la seguridad plena de que cada voto emitido cuenta y será respetado. Un sistema democrático sano debe aspirar a un margen de error cero, o lo más cercano posible a cero, y garantizar que ningún partido o candidato llegue al poder mediante mecanismos fraudulentos, prácticas opacas o, peor aún, violentando la Constitución vigente.

Cuando persiste la duda sobre la limpieza de una elección, no solo se cuestiona un resultado; se debilita la democracia misma. La legitimidad de un gobierno comienza el día de la elección y solo puede sostenerse sobre procesos claros, verificables y confiables, nunca sobre la ideología ni la voluntad política de quienes integran los órganos electorales.

2. TRANSPARENCIA TOTAL EN LA TRANSMISIÓN Y DIVULGACIÓN DE LOS RESULTADOS

La segunda recomendación destaca la necesidad de transparentar por completo los mecanismos de transmisión y divulgación de los datos electorales. En cada proceso reaparecen situaciones que ya no deberían tener cabida en una democracia moderna: votos rurales contabilizados tardíamente, fallas técnicas, apagones o interrupciones inexplicables del sistema.

Más allá de si estos problemas tienen o no una causa justificada, su repetición constante alimenta la sospecha y erosiona la confianza ciudadana. La tecnología moderna debe ser una aliada de la democracia, no una fuente adicional de incertidumbre. Cada etapa del conteo y la transmisión de resultados debe ser auditable, comprensible y comunicada con absoluta claridad a la población.

3. LA NECESIDAD DE UNA SEGUNDA VUELTA ELECTORAL

Una tercera lección invita a reflexionar sobre la estructura del sistema electoral. Dado que en Honduras no existe la reelección presidencial y que se ha diversificado el número de partidos políticos, resulta razonable abrir un debate serio sobre la implementación de una segunda vuelta electoral.

Este mecanismo podría contribuir a que quien asuma la presidencia lo haga con un respaldo más amplio y claro de la ciudadanía. Gobernar con mayorías relativas puede ser legal, pero no siempre suficiente para garantizar gobernabilidad en un país marcado por la fragmentación política. La segunda vuelta obliga a construir consensos y a reconocer que el ejercicio del poder democrático requiere legitimidad amplia y sostenida.

4. REPRESENTACIÓN POLÍTICA MÁS CERCANA, SIN AUMENTAR DIPUTADOS

La cuarta reflexión se centra en la representación política y la cercanía entre autoridades y ciudadanos. Fortalecer la democracia no significa aumentar el número de cargos públicos. Por el contrario, implica mejorar la calidad de la representación, manteniendo o incluso reduciendo el número de diputados existentes.

Avanzar hacia un modelo de representación por distritos dentro de cada departamento permitiría que el ciudadano sepa con claridad quién lo representa y a quién exigir cuentas. Esta cercanía no depende de la cantidad de diputados, sino de la claridad del vínculo entre elector y elegido. Un Congreso del mismo tamaño —o más reducido—, pero con representantes claramente identificables, puede ser más eficaz, más responsable y más conectado con la realidad del país.

5. EDUCACIÓN CÍVICA DESDE LA INFANCIA

Una democracia sólida no se construye únicamente con leyes o reformas electorales; también requiere ciudadanos conscientes, responsables y comprometidos. Por eso, es fundamental educar a nuestros niños en principios democráticos desde temprana edad, introduciendo ideas de civismo, respeto a la ley, participación responsable y prácticas democráticas cotidianas.

Esto implica más que memorizar derechos y deberes: se trata de enseñar a dialogar, a escuchar opiniones distintas, a resolver conflictos sin violencia y a comprender que la democracia no es un concepto abstracto, sino una práctica diaria. Escuelas y familias tienen un papel complementario: el hogar refuerza valores como la honestidad y la responsabilidad, mientras que la escuela puede ofrecer espacios para la participación, la discusión y la toma de decisiones colectivas.

Invertir en educación cívica desde la infancia es sembrar ciudadanos críticos y comprometidos que, mañana, votarán con conocimiento, exigirán transparencia y respetarán las reglas del juego democrático. La verdadera fortaleza de Honduras no está solo en sus instituciones, sino en la conciencia cívica de su gente.

RAZONAMIENTO FINAL

Estas reflexiones no buscan deslegitimar procesos ni alimentar el desencanto; parten de una convicción sencilla: la democracia hondureña puede y debe mejorar. Fortalecerla no es tarea exclusiva de autoridades o partidos políticos, sino también de los ciudadanos, que tenemos el deber de reflexionar, cuestionar y proponer.

Hablar de elecciones es hablar del país que queremos construir. Para lograr una Honduras más justa, estable y unida, debemos asegurar que la voluntad popular se exprese y se respete todos los días, con participación activa, transparencia y educación cívica desde la infancia.

Nuestros congresistas tienen la responsabilidad de discutir y actualizar el marco legal electoral. Quizás estas reflexiones vayan en la dirección correcta: certeza del voto; transmisión confiable de resultados; segunda vuelta que asegure mayorías legítimas; un sistema de representación cercano sin aumentar diputados; y la promoción de ideas democráticas desde temprana edad. Solo combinando instituciones sólidas y ciudadanos conscientes podremos aspirar a una democracia más fuerte, justa y duradera.

34. HONDURAS ANTE LA REVOLUCIÓN DE LA INTELIGENCIA ARTIFICIAL

La historia de la humanidad no cambia poco a poco; cambia a saltos. La máquina de vapor impulsó la Revolución Industrial y transformó economías agrícolas en potencias manufactureras. Luego, la electricidad y el petróleo ampliaron la producción y el comercio global. Más recientemente, la revolución de las Tecnologías de la Información y la Comunicación —internet, computadoras, teléfonos inteligentes— conectó al planeta y convirtió el conocimiento en el principal motor del crecimiento.

Hoy estamos frente a otro gran salto: la Inteligencia Artificial. La IA ya no es ciencia ficción. Está presente cuando un banco detecta fraudes, cuando una empresa optimiza sus rutas de entrega, cuando un hospital analiza exámenes médicos o cuando una aplicación traduce idiomas en segundos. Está en los métodos que recomiendan productos, en los sistemas que predicen cosechas y en las plataformas que automatizan procesos industriales. Y su impacto apenas comienza.

Pero hay una pregunta que los hondureños no podemos evitar: ¿estamos preparados para esta nueva revolución?

Un informe internacional elaborado por Oxford Insights evalúa qué tan preparados están los gobiernos para enfrentar la era de la IA. No solo mide si el Estado usa tecnología, sino si cuenta con las bases institucionales, tecnológicas y de datos necesarias para impulsar su desarrollo en toda la economía.

El resultado para Honduras no es alentador. En el informe 2025, el país se ubica en el tercio inferior del ranking mundial, alrededor del puesto 157 entre casi 200 gobiernos evaluados. En términos sencillos: tenemos debilidades importantes para competir en esta nueva etapa tecnológica.

La comparación regional lo confirma. Chile y Uruguay han avanzado con estrategias nacionales de IA y modernización digital. En Centroamérica, Costa Rica y Panamá muestran mayores avances en conectividad, innovación y atracción de inversión tecnológica. Esto demuestra que la inversión sostenida en educación tecnológica y digitalización estatal genera resultados concretos. La diferencia no es casual; responde a decisiones sostenidas en el tiempo.

El informe es claro: el Estado tiene tres responsabilidades frente a la IA. Primero, debe ser usuario inteligente para mejorar los servicios públicos. Segundo, habilitador, para que las empresas innoven y aumenten productividad. Tercero, regulador responsable, para proteger datos y generar confianza. Si falla en cualquiera de estos roles, el país pierde competitividad.

La IA no solo afecta a empresas tecnológicas; puede transformar la agricultura, el comercio, el transporte, la educación y los servicios financieros. Las empresas que la adopten serán más competitivas y productivas; las que no, quedarán rezagadas. Por eso, no es solo un asunto tecnológico: es económico y social. Si Honduras no se prepara, la brecha de ingresos se ampliará y los jóvenes y las zonas rurales pagarán el precio más alto.

¿Qué se puede hacer?

Primero, definir una estrategia nacional clara de Inteligencia Artificial, con objetivos precisos, indicadores de seguimiento y continuidad más allá de los ciclos políticos. Debe ser un plan de Estado que articule educación, salud, comunicaciones, transporte, industria y finanzas.

Segundo, invertir decididamente en educación digital desde la escuela hasta la universidad. No solo se trata de enseñar programación, sino de desarrollar pensamiento lógico, computación, análisis de bases de datos y habilidades en inglés técnico. También implica capacitar a los docentes y crear programas de actualización constante. Incluso plataformas gratuitas y cursos online pueden ser aliados estratégicos para preparar a los jóvenes desde ya.

Tercero, garantizar internet de calidad y acceso universal, especialmente en zonas rurales y comunidades aisladas. La conectividad no es un lujo urbano; es la base para la educación digital, la creación de empresas tecnológicas y la participación en la economía digital.

Cuarto, establecer un marco legal moderno y confiable que proteja los datos personales, promueva la privacidad, defina responsabilidades en el uso de la tecnología y genere seguridad jurídica para la inversión. Esto permitirá que empresas locales y extranjeras inviertan con confianza, y que los ciudadanos confíen en los sistemas digitales del país.

Quinto, fomentar la creación de un ecosistema de innovación, donde universidades, empresas y emprendedores trabajen de manera conjunta. Esto incluye incubadoras de startups, fondos de apoyo a la innovación, colaboración público—privada y programas de vinculación entre investigación académica y proyectos productivos.

Las revoluciones tecnológicas anteriores cambiaron el lugar que ocupan las naciones en la economía mundial. La IA también lo hará. Nada de esto es una utopía ni un lujo reservado para países ricos. Es una condición mínima para competir en este siglo.

El informe de Oxford es una advertencia clara: el mundo avanza rápido y la preparación institucional marca la diferencia entre prosperar o quedarse atrás. La IA no es un tema del futuro lejano. Es una realidad del presente. Y de las decisiones que tomemos hoy dependerá si nuestros jóvenes participan en la economía del conocimiento o siguen saliendo a buscar oportunidades fuera del país.

La historia no concede prórrogas.

Honduras necesita analizar, adaptar e implementar políticas de IA que en otros países ya están dando resultados. La Inteligencia Artificial no es el futuro: es el presente. Y este puede ser el momento de aprovecharla para impulsar productividad, empleo y oportunidades. La decisión está en nuestras manos.

35. LA CRUEL IRONÍA DE LOS FEMINICIDIOS

Cada 8 de marzo el mundo recuerda la lucha de las mujeres por la igualdad y la dignidad. En Honduras, sin embargo, la conmemoración suele convivir con una realidad inquietante: mientras se celebran actos oficiales y se pronuncian discursos, continúan apareciendo noticias de mujeres asesinadas. Este año, la ironía volvió a manifestarse con crudeza: en menos de 24 horas, dos jovencitas murieron víctimas de la violencia armada, una en Francisco Morazán y otra en Santa Bárbara. Esta dolorosa coincidencia refleja una realidad que Honduras no puede seguir ignorando.

No es ningún secreto que el país figura entre los que registran las tasas más altas de muertes violentas de mujeres en el mundo. Según estadísticas del Centro de Derechos de Mujeres, solo en enero de 2026 se registraron 22 muertes de mujeres. Durante el año 2025 el total alcanzó 262. A estas cifras se suman miles de casos de violencia dentro de los hogares: el mismo Centro reportó 41,895 denuncias de violencia doméstica y 48,642 denuncias de maltrato familiar.

Detrás de estos números hay historias de vidas truncadas, familias devastadas y niñas que crecen marcadas por la violencia. Cada feminicidio no es únicamente una tragedia personal; es también un fracaso colectivo del Estado y de la sociedad para proteger a quienes deberían estar más seguras.

En 2021 escribí un artículo sobre este tema recordando la historia de la esclava Úrsula Barrientos, quien en 1790 logró comprar la libertad de la criatura que llevaba en su vientre. Aquel gesto extraordinario, ocurrido hace más de dos siglos, simbolizaba el profundo instinto de protección y esperanza que puede existir incluso en las condiciones más adversas.

Hoy, sin embargo, la historia nos confronta con otra realidad: seguimos teniendo una deuda con las niñas y mujeres hondureñas víctimas de feminicidio y violencia doméstica.

Resulta especialmente preocupante que, a pesar de que Honduras contó recientemente con la primera mujer presidenta de su historia, no se hayan registrado avances significativos en la reducción de los feminicidios. La violencia contra las mujeres continúa mostrando niveles alarmantes, lo que evidencia que el problema trasciende las figuras individuales y exige políticas públicas más firmes, coherentes y sostenidas en el tiempo.

Las nuevas autoridades que recientemente asumieron la conducción del país tienen ahora la responsabilidad ineludible de revertir esta tendencia. No bastan las declaraciones de condena ni las campañas simbólicas. Se requieren decisiones claras, recursos adecuados y medidas concretas, sostenidas y evaluables que permitan reducir de manera real y verificable la violencia contra las mujeres.

La agenda para reducir la violencia contra las mujeres debería centrarse, al menos, en tres pilares fundamentales: prevención, protección y acompañamiento.

PREVENCIÓN

La prevención debe comenzar mucho antes de que ocurra la violencia. Es necesario impulsar campañas permanentes de sensibilización que cuestionen los patrones culturales que aún normalizan el maltrato dentro de las relaciones de pareja. Estas iniciativas deben dirigirse especialmente a la población joven, utilizando las nuevas tecnologías de comunicación, las redes sociales y contenidos digitales capaces de llegar a adolescentes y jóvenes.

Al mismo tiempo, el sistema educativo debe incorporar con mayor claridad programas de formación en respeto, igualdad y resolución pacífica de conflictos. Prevenir la violencia también significa formar nuevas generaciones que rechacen la agresión como forma de resolver diferencias.

PROTECCIÓN

Cuando la violencia ocurre, el Estado tiene la obligación de actuar con rapidez para proteger a las víctimas. Una medida prioritaria es la apertura, en diferentes ciudades del país, de centros de atención integral para víctimas de violencia de género, donde puedan recibir asistencia psicológica, orientación legal y apoyo social en un mismo lugar.

También es indispensable fortalecer los mecanismos de denuncia y garantizar respuestas rápidas y profesionales por parte de las autoridades. Muchas víctimas desisten de denunciar por miedo o desconfianza. Romper esa barrera es fundamental para enfrentar el problema. Asimismo, resulta urgente ampliar la disponibilidad de refugios temporales seguros para mujeres y niñas que necesitan salir de situaciones de violencia extrema.

ACOMPAÑAMIENTO

Superar una situación de violencia no termina con la denuncia. Muchas mujeres permanecen atrapadas en relaciones abusivas por dependencia económica o falta de oportunidades. Por ello, es esencial impulsar programas que faciliten la inserción laboral de adolescentes y mujeres víctimas de violencia, en colaboración con gobiernos municipales y el sector privado. La capacitación, el acceso al empleo y el apoyo a pequeños emprendimientos pueden convertirse en herramientas decisivas para reconstruir su autonomía.

Muchas otras acciones específicas para cada uno de estos pilares pueden incorporarse revisando las experiencias exitosas de otros países y escuchando la opinión de expertos y organizaciones especializadas.

La violencia contra las mujeres no es un asunto privado ni un problema doméstico que deba resolverse en silencio. Es una cuestión de derechos humanos, de seguridad ciudadana y de responsabilidad del Estado. Mientras cada 8 de marzo continuemos leyendo, junto a los actos de conmemoración, nuevas noticias de mujeres asesinadas, la celebración seguirá marcada por una amarga contradicción. Honduras no puede acostumbrarse a esta tragedia. Honrar verdaderamente a las mujeres del país no consiste en discursos ni ceremonias, sino en garantizar que puedan vivir sin miedo.

36. PARLACEN: TRES DÉCADAS DE COSTOS Y POCOS RESULTADOS

En el preámbulo del Procedimiento para establecer la paz firme y duradera en Centroamérica, suscrito por los presidentes de la región durante la reunión celebrada en Ciudad de Guatemala los días 6 y 7 de agosto de 1987 —Esquipulas II—, se formuló una aspiración cargada de simbolismo: colocar al Parlamento Centroamericano como "símbolo de libertad e independencia de la reconciliación a que aspiramos en Centroamérica". En ese contexto, la creación de un órgano regional de representación política parecía un paso natural para consolidar la paz, fortalecer el diálogo entre gobiernos y avanzar hacia una mayor integración.

De ese espíritu nació el Parlamento Centroamericano (PARLACEN), concebido como una instancia permanente de representación regional. Su primera Asamblea Plenaria se instaló el 28 de octubre de 1991 en Ciudad de Guatemala, tras la ratificación del Tratado Constitutivo por Guatemala, El Salvador, Honduras y Nicaragua. En 2007 se otorgaron plenos derechos a los parlamentarios de la República Dominicana. Más de tres décadas después, la distancia entre aquel ideal fundacional y la realidad institucional del organismo resulta difícil de ignorar.

UN COSTO PERMANENTE

El PARLACEN está integrado por 20 diputados por cada país miembro, además de los expresidentes y exvicepresidentes de los Estados participantes, lo que eleva el número total de parlamentarios a más de 120.

Cada diputado percibe un salario cercano a 5,000 dólares mensuales, además de inmunidad parlamentaria y otros beneficios asociados al cargo. El financiamiento proviene de los Estados miembros, que aportan alrededor de 1.7 millones de dólares anuales para el funcionamiento del organismo.

En el caso de Honduras, esto ha significado a lo largo de los años cientos de millones de lempiras destinados a sostener una institución cuya incidencia real en las decisiones regionales ha sido limitada. El problema no es únicamente el costo, sino la relación entre ese gasto y los resultados obtenidos.

RESOLUCIONES SIN FUERZA, "ELEFANTE BLANCO REGIONAL"

A diferencia de los parlamentos nacionales, el PARLACEN no posee capacidad legislativa vinculante. En la práctica, el organismo funciona como un foro deliberativo que produce declaraciones políticas, informes y exhortaciones en áreas como migración, turismo, educación o integración económica. Muchas de estas iniciativas pueden ser bien intencionadas, pero con frecuencia terminan convertidas en documentos que rara vez se traducen en políticas concretas.

A ello se suma otro factor que ha erosionado su credibilidad: el hecho de que expresidentes y exvicepresidentes pasen automáticamente a integrar el Parlamento con inmunidad parlamentaria. Esta disposición ha alimentado la percepción de que el organismo puede convertirse en un refugio político para figuras que han concluido su ciclo en el poder. Además, en distintas ocasiones han sido electos diputados que enfrentaban cuestionamientos judiciales en sus países de origen, lo que ha contribuido a profundizar la desconfianza pública hacia la institución.

UN CONTRASTE INEVITABLE

Con frecuencia se invoca el ejemplo del Parlamento Europeo para justificar la existencia de un parlamento regional en Centroamérica. Sin embargo, la comparación revela diferencias estructurales profundas.

El Parlamento Europeo posee poder legislativo real: participa en la aprobación de leyes que obligan a los Estados miembros, interviene en la aprobación del presupuesto de la Unión Europea y supervisa a la Comisión Europea. Sus decisiones tienen efectos concretos en la vida económica y política de cientos de millones de ciudadanos.

El PARLACEN, en contraste, carece de facultades legislativas vinculantes y su función se limita a emitir recomendaciones o declaraciones políticas. Mientras el Parlamento Europeo forma parte de una arquitectura institucional que produce normas y políticas comunes, el centroamericano opera más como un foro consultivo que como un verdadero órgano de integración regional.

ESCEPTICISMO EN LA REGIÓN

Las dudas sobre la utilidad del PARLACEN no son exclusivas de un país.

Costa Rica nunca se integró al organismo, argumentando que su funcionamiento no justificaba los costos ni la posible cesión de soberanía institucional. Panamá intentó retirarse en 2009, aunque posteriormente una decisión de su Corte Suprema declaró inconstitucional el procedimiento utilizado para abandonar el organismo, lo que llevó al país a reintegrarse. Recientemente, El Salvador aprobó en 2025 una reforma constitucional para desvincularse del PARLACEN y, a partir de las elecciones de 2027, el país dejará de elegir representantes para este organismo.

Estas posiciones reflejan una inquietud de fondo: la integración centroamericana debe construirse mediante instituciones políticas con mayor capacidad de ejecución, acompañadas de mecanismos concretos de cooperación económica, comercial y de infraestructura.

INTEGRACIÓN SÍ, BUROCRACIA NO

La integración regional sigue siendo una necesidad estratégica para Centroamérica. Economías pequeñas y abiertas, vulnerables a perturbaciones externas, tienen mucho que ganar de mercados más integrados, políticas coordinadas y proyectos comunes de infraestructura y desarrollo. Las instituciones regionales se justifican por sus resultados. El Parlamento Centroamericano lleva más de tres décadas intentando demostrar los suyos.

Centroamérica aún requiere cooperación y proyectos compartidos, pero también instituciones capaces de generar resultados y rendir cuentas. La integración verdadera se construye con decisiones que transforman la realidad, no con resoluciones que carecen de impacto.

37. BOSQUES SIN LEY: INSTITUCIONALIDAD Y DEFORESTACIÓN EN LA "PEQUEÑA AMAZONÍA" HONDUREÑA

Informes recientes presentados en la cumbre sobre cambio climático de noviembre de 2025 advierten que la región de La Mosquitia, conocida como la "Pequeña Amazonía", se encuentra entre las zonas más amenazadas de Mesoamérica por la expansión del narcotráfico, la colonización de tierras y el avance de actividades extractivas. Esta red de áreas protegidas —que incluye la Reserva de la Biosfera del Río Plátano, el Parque Nacional Patuca y la Reserva de la Biosfera Tawahka Asangni— constituye una de las mayores extensiones forestales continuas del continente americano al norte del Amazonas.

Se estima que en los últimos veinticinco años se han perdido más de 650 mil hectáreas de bosque, asociadas a caminos clandestinos, pistas y cultivos vinculados al narcotráfico, la expansión agrícola y ganadera, la minería ilegal y los incendios forestales, estos últimos frecuentemente utilizados para habilitar nuevas áreas de ocupación. La presencia de maquinaria pesada y nuevas rutas hacia áreas núcleo sugiere que la deforestación ya no responde únicamente a prácticas de subsistencia, sino a operaciones organizadas que transforman el territorio a gran escala.

En 2021 advertíamos que la construcción irregular de carreteras dentro de áreas protegidas no era únicamente un problema ambiental, sino también una señal de debilidad institucional en territorios sometidos desde hace décadas a presiones sobre el uso del suelo. Cinco años después, la realidad demuestra que aquellas preocupaciones no solo persistieron, sino que se han profundizado, convirtiendo la deforestación en un desafío directo al control territorial y al estado de derecho. Cuando actores vinculados a actividades ilícitas y de otra índole consolidan presencia en zonas remotas, la autoridad estatal se debilita y las normas pierden efectividad.

Los conflictos territoriales ilustran esta realidad. En 2024, los intentos de diálogo promovidos en la Reserva de la Biosfera del Río Plátano se interrumpieron cuando grupos ocupantes abandonaron las negociaciones, manifestando resistencia a restricciones sobre la ganadería extensiva y la agricultura migratoria. Este episodio evidencia que la protección del bosque requiere no solo normas y tecnología, sino legitimidad institucional y mecanismos eficaces de resolución de conflictos.

A pesar de estas presiones, el país cuenta con herramientas técnicas que pueden fortalecer la respuesta estatal. El Instituto de Conservación Forestal ha incorporado sistemas de monitoreo satelital mediante la plataforma Alerta Bosque, que permite detectar daños en tiempo casi real. Se han registrado más de dos mil alertas en áreas protegidas, lo que evidencia tanto la magnitud del problema como la disponibilidad de información para actuar.

Sin embargo, la vigilancia en regiones remotas exige recursos logísticos, personal capacitado y presencia sostenida, especialmente durante temporadas críticas de incendios forestales. La magnitud del desafío trasciende las capacidades del Estado y compite con múltiples necesidades sociales y fiscales.

Asimismo, el papel de las Fuerzas Armadas resulta fundamental en tareas de control territorial y apoyo logístico en áreas de difícil acceso. No obstante, su intervención enfrenta limitaciones de personal, equipamiento y cobertura territorial, lo que refleja la escala del desafío.

Frente a este escenario, resulta necesario avanzar hacia una estrategia sostenida que combine presencia territorial, coordinación institucional y alternativas económicas. Sin pretender ofrecer una visión técnica exhaustiva, estas acciones podrían formar parte de una estrategia integral orientada a fortalecer la respuesta estatal:

1. Convertir la información en acción operativa. Garantizar que cada alerta satelital —incluidas las relacionadas con incendios forestales— se traduzca en intervenciones verificables en el territorio, con mecanismos de seguimiento y evaluación periódica.

2. Fortalecer la coordinación interinstitucional. Establecer mecanismos permanentes de cooperación entre instituciones ambientales, de seguridad y de justicia, evitando respuestas fragmentadas.

3. Consolidar la presencia estatal en territorios estratégicos. Incrementar la cobertura operativa mediante bases logísticas, patrullajes sostenidos y la presencia institucional continua.

4. Promover mecanismos efectivos de resolución de conflictos territoriales. Impulsar procesos de diálogo que incorporen incentivos económicos y soluciones graduales, reduciendo tensiones sociales.

5. Desarrollar alternativas económicas sostenibles. Fomentar actividades compatibles con la conservación, como el turismo ecológico y el manejo forestal comunitario.

6. Fortalecer la cooperación internacional como complemento estratégico. Gestionar, coordinar y canalizar asistencia técnica y financiera orientada al monitoreo ambiental y la vigilancia territorial.

7. Optimizar el uso de recursos de defensa y seguridad. Definir prioridades claras para el despliegue de capacidades logísticas en zonas críticas.

8. Impulsar educación ambiental y empoderamiento comunitario. Promover programas educativos dirigidos a nuevas generaciones y fortalecer la participación comunitaria en la protección de los bosques, fomentando una cultura de conservación y corresponsabilidad territorial.

La protección de los bosques en el área protegida de la Mosquitia no debe entenderse únicamente como un objetivo ambiental, sino como una condición esencial para el desarrollo sostenible y la estabilidad institucional. La pérdida progresiva de cobertura forestal refleja, en muchos casos, la pérdida simultánea de control territorial.

Las presiones sobre el bosque no desaparecerán; por el contrario, continuarán avanzando en un contexto de pobreza persistente, crecimiento poblacional y limitaciones estructurales en educación y oportunidades económicas. Fortalecer el estado de derecho en estos territorios deja de ser una tarea opcional y se convierte en una necesidad impostergable para preservar el patrimonio natural y garantizar su conservación para las futuras generaciones.

38. HONDURAS: LA MEMORIA FRAGMENTADA DE IRENEO FUNES

Quiero referirme a Funes —aclaro, no a Adán Fúnez, exalcalde de Tocoa—, sino a Ireneo Funes, personaje principal de uno de los cuentos más reconocidos del autor argentino Jorge Luis Borges. En Funes el Memorioso, Borges relata la historia de un joven uruguayo introvertido, conocido por su capacidad para saber la hora con precisión cronométrica. A los 19 años sufrió un accidente de caballo que le impidió volver a caminar y murió dos años después de una congestión pulmonar.

En una segunda visita a Fray Bentos, Borges cuenta que recibió una carta de Ireneo solicitándole en préstamo un libro en latín y un diccionario, pues desconocía aquel idioma. Al visitarlo en su lecho de enfermo se sorprendió al escucharlo hablar latín, además de inglés, francés y portugués, aprendidos sin esfuerzo. Funes le explicó que, después del accidente, despertó con una percepción y memoria infalibles. Recordaba cada detalle e incluso había creado un sistema propio de numeración con palabras: "El negro Timoteo", por ejemplo, en lugar de 365. Sin embargo, en ese universo de detalles, Funes había perdido la capacidad de pensar. Decía Borges que pensar es olvidar diferencias, generalizar y abstraer.

En Honduras pareciera que la memoria nacional funciona por sobresaltos. Cada crisis concentra la atención pública: incendios forestales, inundaciones, hospitales colapsados, extorsión, apagones, escuelas sin maestros, carreteras destruidas, accidentes de tránsito o escándalos de corrupción. Durante algunos días el país habla del problema; luego, la discusión desaparece hasta la siguiente emergencia. No existe acumulación institucional de experiencias ni continuidad en las soluciones.

La inseguridad ofrece uno de los ejemplos más evidentes. Cada masacre, asesinato de alto impacto o motín penitenciario provoca indignación y promesas de reforma. Sin embargo, pocas veces existe una evaluación seria sobre políticas fallidas, debilidades estructurales de la investigación criminal o limitaciones históricas del sistema penitenciario. El país reacciona a los síntomas, pero rara vez construye memoria institucional sobre las causas profundas.

Algo similar ocurre en salud pública. Honduras recuerda los hospitales únicamente cuando colapsan. Las imágenes de pacientes en pasillos, la falta de medicamentos o el deterioro del equipo médico reaparecen como si fueran hechos nuevos, aunque son problemas acumulados durante décadas. Cada administración anuncia rescates o compras de emergencia; sin embargo, la discusión rara vez se concentra en mantenimiento preventivo, planificación hospitalaria o formación de personal especializado.

En educación, el fenómeno adquiere otra dimensión. El debate nacional suele concentrarse en huelgas de maestros, infraestructura deteriorada o bajos niveles de aprendizaje. Pero el país parece incapaz de sostener una discusión prolongada sobre calidad educativa, formación docente o continuidad de políticas públicas. Cada gobierno modifica prioridades y enfoques, mientras generaciones avanzan en un sistema incapaz de construir reformas sostenidas.

La economía tampoco escapa de esta lógica. Honduras debate intensamente el desempleo, la migración o el aumento del costo de vida cuando las cifras macroeconómicas empeoran o cuando nuevas misiones del FMI revisan las cuentas nacionales. La preocupación resurge con cada depreciación del lempira, sostenido en gran medida por remesas enviadas por ese capital humano que el país no supo retener ni ofrecerle oportunidades. Sin embargo, pocas veces existe una discusión sostenida sobre productividad, competitividad, informalidad o calidad institucional para atraer inversión.

La política probablemente constituye el ejemplo más evidente de esta memoria fragmentada. El país parece olvidar con rapidez episodios que, en otras democracias, habrían dejado lecciones institucionales duraderas. Casos emblemáticos de corrupción, como el del IHSS o el escándalo de los hospitales móviles, terminan desvaneciéndose del debate público, mientras la reelección presidencial de Juan Orlando Hernández provocó una profunda crisis constitucional sobre los límites del poder y el respeto al Estado de Derecho. Del mismo modo, los gobiernos de Manuel Zelaya y Xiomara Castro continúan interpretándose muchas veces únicamente desde la polarización política, mientras debates sobre nepotismo, abusos de autoridad, debilitamiento institucional o clientelismo quedan relegados ante nuevas crisis.

Cada administración llega prometiendo combatir exactamente los problemas que luego terminan reproduciéndose bajo nuevas formas. Cambian los discursos, los partidos y los liderazgos; sin embargo, persisten patrones similares de improvisación, concentración de poder, utilización política de las instituciones públicas y escasa rendición de cuentas. La memoria nacional parece conservar episodios aislados, pero rara vez transforma esas experiencias en consensos mínimos sobre los límites institucionales que el país no debería volver a cruzar.

Como Funes, Honduras parece recordar acontecimientos individuales con enorme intensidad emocional, pero le cuesta abstraer las lecciones generales de su propia historia. Recordamos nombres, escándalos y crisis particulares, pero con frecuencia somos incapaces de identificar los patrones que conectan esos problemas entre sí. La precariedad hospitalaria, la deforestación, la inseguridad, la migración y el deterioro educativo no son fenómenos separados: son manifestaciones distintas de una institucionalidad débil y de un Estado que frecuentemente actúa reaccionando a emergencias en lugar de prevenirlas.

Quizá allí resida una de las lecciones más inquietantes del cuento de Borges: una sociedad también puede perder la capacidad de pensar cuando vive atrapada en urgencias permanentes presentes y, a diferencia de Funes, en el olvido constante de sus propias experiencias.

ESTOS ARTÍCULOS

Los artículos reunidos en este libro acompañaron los momentos decisivos de Honduras: debates económicos urgentes, episodios políticos complejos, cuestionamientos sobre la institucionalidad y miradas al pasado que iluminan nuestro presente.

Escritos originalmente para el diario La Tribuna de Tegucigalpa, nacieron al calor de la coyuntura, pero no se detuvieron en ella. Cada texto busca ir más allá del hecho inmediato, indagar en sus causas y consecuencias, y situarlo en un horizonte de mediano y largo plazo.

Reunidos en este volumen, conforman un itinerario de reflexión sobre los desafíos recurrentes de Honduras: la disciplina fiscal, la fortaleza institucional, la memoria histórica y la responsabilidad en la toma de decisiones públicas.

En tiempos de polarización y respuestas rápidas, estas páginas proponen algo distinto: detenerse, analizar y pensar el país con serenidad y sentido de futuro.

SOBRE EL AUTOR

Sus artículos de análisis económico han sido publicados en revistas especializadas, mientras que sus columnas sobre economía, historia e institucionalidad han aparecido en medios de circulación nacional. Este volumen reúne una selección de esos trabajos y propone una lectura que conecta la coyuntura con la estructura, y el presente con la memoria histórica, como parte del debate público hondureño.

www.ingramcontent.com/pod-product-compliance
Lightning Source LLC
LaVergne TN
LVHW022225200926
848481LV00006B/2124